日経文庫
NIKKEI BUNKO

はじめての企業価値評価

砂川伸幸　笠原真人

日本経済新聞出版

まえがき

　社会人 MBA のファイナンスの講義では，最後のクラスで企業価値評価を教えます。財務分析，戦略立案，キャッシュフロー計画，資本コストの算出など，個別のテーマを合わせて数値化する作業が，まとめにふさわしいからです。

　MBA 経営戦略の講義では，最初のクラスで企業価値と企業価値評価について話します。企業価値の向上が経営戦略の判断基準になるからです。

　この 10 年間で，企業価値評価に対する関心は驚くほど高まりました。以前は，「企業価値は測れるのですか」「DCF 法とは何ですか，どのように使うのですか」という質問が多くありました。いまは違います。多くの方が DCF 法を使っています。「今後，何らかの形で M&A に関わると思いますか」と聞くと，多くの手があがります。企業価値の向上をベースに経営戦略を議論したり，M&A の買収価格について分析したりする時間も増えました。企業価値評価は，ビジネスマンにとって，必須のリテラシーになりつつあります。

　学部学生は，ビジネスの流れに敏感です。最近では，学部の講義でも，企業価値評価を教えるようになりました。今年の講義では，M&A のシナジー効果の算定や負債コストを税引後にする理由などについて質問がありました。ずいぶん進歩したものです。

　いま，企業価値評価はトレンディーです。以前は，企業価値評価を知っていることが強みになりました。今後

は，企業価値評価を知らないことが弱みになるかもしれません。企業価値の向上が経営目標になっている時代です。ビジネスマンとして，企業価値評価を知らなければ，経営目標が分かっていないことになりかねません。学生は，企業価値評価を学ぶことで，企業に対する理解が深まります。

この本は，タイトルのとおり，企業価値評価の入門書です。企業価値評価をはじめて学ぶ人を想定して書きました。すでに知識がある人は，短時間でエッセンスと全体像を思い出すために利用してください。

改めて実感したのですが，企業価値評価は，簡単ではありません。専門的な用語が多く出てきます。また，実践を体験していただくために用意した数値が，多く出てきます。そのため，『はじめての企業価値評価』にしては，読み応えがあると思います。苦労されることもあるでしょう。それでも読む価値はあります。最後までお付き合いください。

本の構成を紹介します。第1章から第4章は基礎編です。第1章では，企業価値評価の考え方を紹介します。本書では，企業価値を数字で評価するアプローチをとります。とくに，理論的にしっかりしており，実務でも普及しているDCF法をコアにします。DCF法による事業や企業の価値評価を通じて，企業と投資家の関係がみえてきます。資本利益率やROEを高める必要性も理解できるでしょう。

第2章では，企業価値評価のキーワードであるフリー・キャッシュフロー（FCF）と資本コストについて説明

します。FCFは，事業活動からフリーなキャッシュで投資家に配分できます。資本コストは，投資家の期待収益率で，企業価値評価における割引率になります。負債のコストと株式の資本コストから求める加重平均資本コスト（WACC）も大切な用語です。FCFやWACCは，グローバルスタンダードです。グローバル経営においても役に立ちます。

　第3章は，エンタープライズDCF法の解説です。エンタープライズDCF法では，FCFをWACCで割り引くことで，企業価値を数値化します。企業はゴーイングコンサーンです。そのため，無限のFCFを取り扱うことが必要になります。定額モデルや定率成長モデルは，無限を有限に変えるツールです。しっかり理解してください。

　第4章は，クロスボーダー・バリュエーションの入門です。国境を越えても，FCFをWACCで割り引くというエッセンスは同じです。ただし，金利水準が異なることと，為替レートの取り扱いには，注意が必要です。クロスボーダーのバリュエーションでは，金利と為替レートの整合性がポイントになります。カントリーリスクも出てきます。

　第5章と第6章は，企業価値評価の実践編です。基礎編で学んだことをいかして，プロジェクトXというM&A案件に取り組みます。第5章では，経営分析を行い，客観的かつ現実的な前提がおかれたFCF計画を分析し，評価していきます。実際に手を動かしながら，読み進めてください。企業価値評価の実践では，膨大な数字をあつかいます。専門家でも，数字の海におぼれて，

方向を見失うことがあるそうです。そんなときは、エッセンスと方針を確認するため、基礎編に戻ってください。

第6章のテーマは、企業価値評価の検証です。エンタープライズDCF法の結果を、修正純資産法や類似会社比準法で確認し、企業価値評価の精度を高めます。その後、サステイナブル成長モデルを用いて、企業価値評価のエッセンスについて再確認します。最後に、次のステップに進む方のために、ブックガイドを用意しました。ご参照ください。

この本を書き上げるにあたり、たくさんの方からサポートをいただきました。神戸大学経営学部の砂川ゼミの学生は、原稿を読み、読者の視点からアドバイスをくれました。株式会社エフエーエスの脇野信太さんからは、専門家としてのご指摘をいただきました。そして、日本経済新聞出版社の平井修一さんには、企画から出版までお世話になりました。ありがとうございます。

何事も基本が大切です。最初が肝心です。この本で、企業価値評価を正しく学び、きちんと使うための基礎にしてください。

2015年1月

砂川伸幸
笠原真人

はじめての企業価値評価―――[目次]

第1章　企業価値評価の考え方――――――13

1―企業価値の向上 —— 14
2―企業価値評価 —— 15
3―企業と投資家 —— 18
　(1)　企業とステークホルダー—18
　(2)　投資家からみた企業価値—19
　(3)　コーポレート・ファイナンス入門—20
　(4)　企業と投資家—21
　(5)　リスク回避と資本コスト—23
4―企業価値と成長戦略 —— 25
　(1)　サステイナブル成長—25
　(2)　定率成長モデルと定額モデル—27
　(3)　成長戦略の評価—29
　(4)　成長戦略の注意点—31
5―資本利益率と資本コスト —— 33
　(1)　経営指標と資本利益率—33
　(2)　競争優位と資本利益率—36
　(3)　資本利益率と経営戦略—37
　(4)　転地と資本利益率—40
　(5)　ビジネスリスクと資本コスト—42
6―リスクと現在価値 —— 44
　(1)　リスクマネジメントとDCF法—44
　(2)　現在と将来—45
　(3)　リスクと現在価値—47
　(4)　短期と長期—49

7―M&Aと企業価値評価 ―― 51

 (1) M&A と事業構造―51

 (2) 事業投資としての M&A―53

 (3) シナジー効果―54

 (4) M&A バリュエーションの重要性―57

第2章 企業価値評価のキーワード ―――――― 59

1―フリー・キャッシュフロー ―― 60

 (1) フリー・キャッシュフローの4項目―60

 (2) フリー・キャッシュフローと事業資産―62

 (3) フリー・キャッシュフローと事業資産(続)―65

2―固定資産と運転資本 ―― 68

 (1) 設備投資と減価償却費―68

 (2) 運転資本―69

 (3) 正味運転資本―70

 (4) キャッシュコンバージョン・サイクル―71

3―資本コスト ―― 73

 (1) 3つの資本コスト―73

 (2) リスクフリー・レート―75

 (3) 負債コスト―77

 (4) 株式資本コストと CAPM―78

 (5) 株式資本コストの算出―80

 (6) WACC―82

 (7) WACC の算出―83

4―レバレッジと資本コスト ―― 86

 (1) 無関連命題―86

 (2) よくある間違い―87

 (3) 正解―89

(4) レバレッジとマルチプル―91

　　(5) エンタープライズとレバレッジ―93

第3章　企業価値評価の基礎 ―――――――――――95

1―エンタープライズDCF法 ―― 96

2―エンタープライズDCF法のイメージ ―― 98

3―ターミナルバリュー ―― 100

　　(1) ターミナルバリューとは―100

　　(2) ターミナルバリューの現在価値―103

4―フリー・キャッシュフロー計画 ―― 105

5―エンタープライズDCF法による企業価値評価
　　―― 106

　　(1) フリー・キャッシュフロー計画の立案―106

　　(2) コンプスのWACCとマルチプル―107

　　(3) エンタープライズDCF法による企業価値評価―109

　　(4) マルチプル法による検証―111

　　(5) 感度分析とレンジ―112

6―エンタープライズDCF法の応用 ―― 114

　　(1) シナジー効果とFCF―114

　　(2) シナジー効果の評価―116

　　(3) 経営戦略の評価―117

　　(4) 成長とリスク―119

　　(5) 事業と財務―121

第4章　クロスボーダー・バリュエーションの基礎
　　――――――――――――――――――――123

1―金利平価と購買力平価 ―― 124

　　(1) 金利平価と為替先物―124

　　(2) 金利平価と購買力平価―126

2─クロスボーダーの投資評価 ── 128
   (1) フリー・キャッシュフローの変換─128
   (2) 資本コストの変換─130

3─クロスボーダーの企業価値評価 ── 132
   (1) 資本コストの変換─132
   (2) フリー・キャッシュフローの変換─133

4─クロスボーダーのリスク ── 135
   (1) カントリーリスク─135
   (2) ソブリンスプレッド─136
   (3) ソブリンスプレッドの算出─139
   (4) 相対ボラティリティ─140
   (5) その他の注意点─144
   (6) 新興国の資本コスト─145

第5章　企業価値評価の実践 ── 149

1─極秘プロジェクトX ── 150
   (1) 現状と目標─150
   (2) 強みと弱みの分析─151
   (3) 機会と脅威の分析─152
   (4) SWOT分析と経営方針─153
   (5) プロジェクトX─154

2─企業の分析 ── 156
   (1) 貸借対照表の分析─156
   (2) 含み損益の分析─158

3─フリー・キャッシュフロー計画 ── 158
   (1) 損益計算書─158
   (2) シナジー効果─159
   (3) 投資計画とFCF計画の策定─160

4―資本コストの算出 ── 163
   (1) 資産ベータ―163
   (2) 資産ベータと株式ベータ―164
   (3) 株式ベータの算出―166
   (4) 株式資本コストと WACC の算出―168
5―DCF 法による企業価値評価の実践 ── 169
   (1) 事業価値分析―169
   (2) 企業価値分析―171
   (3) 企業価値と株式価値―172

第6章　企業価値評価の検証 ── 175

1―企業価値の検証 ── 176
   (1) 企業価値評価の本質―176
   (2) 企業価値の検証アプローチ―178
2―ネットアセット・アプローチとしての修正純資産法
   ── 179
   (1) ネットアセット・アプローチ―179
   (2) ネットアセット・アプローチの類型―179
   (3) ネットアセット・アプローチにおける含み損益と
       税効果―180
   (4) ネットアセット・アプローチによる X 社の価値分析
       ―181
   (5) ネットアセット・アプローチの位置づけ―182
   (6) 修正純資産法と超過利益―183
3―超過利益法と競争優位 ── 185
   (1) 超過利益法の考え方―185
   (2) 超過利益法にみる競争優位―186
   (3) X 社の超過利益分析―187

(4) 超過利益法による X 社の事業価値—187
4—マーケットアプローチとしてのマルチプル法 —— 189
　(1) マルチプル法による企業価値評価—189
　(2) マルチプルの対応関係—190
　(3) マルチプル法による X 社の分析—191
　(4) マルチプル法の特徴—194
5—まとめ —— 194

ブックガイド —— 198

第1章

企業価値評価の考え方

- ●企業経営の目標は企業価値の向上です。本書では，企業価値を数字で評価するアプローチをとります。
- ●企業は，資本コストを上回る資本利益率をあげることで，企業価値を高めることができます。資本利益率を回転率と利益率に分解すると，企業の経営戦略が分析できます。
- ●現代の企業価値評価やコーポレートファイナンスの理論では，キャッシュフローを資本コストで割り引くDCF法を推奨します。資本コストはリスクを反映するため，DCF法を意思決定に用いることは，リスクマネジメントになります。
- ●M&Aにおける価格算定では，DCF法が用いられます。DCF法は，理論的であり，実務にも浸透しています。本書を通じて，正しく理解し，きちんと使えるようになってください。

1　企業価値の向上

　日本を代表する上場企業の多くは，企業価値の向上という目的を掲げています。例えば，パナソニックは，平成26年3月期の決算短信において，次のような経営方針を述べています。

　　当社は創業以来，「事業活動を通じて，世界中の人々のくらしの向上と社会の発展に貢献する」という経営理念をすべての活動の指針として，事業を進めてまいりました。今後も，お客様一人ひとりに対して「いいくらし」を提案し拡げていくなかで，株主や投資家，お客様，取引先，従業員をはじめとするすべての関係者の皆様にご満足いただけるよう，持続的な企業価値の向上に努めてまいります。

川崎重工は，2014年4月に「企業価値の向上に向けて〜Kawasaki – ROIC 経営〜」を公表しています。公表資料の中には，次の一文があります。

　　企業価値の向上は，持続的成長をもたらし，従業員の処遇改善等による満足度向上，取引先との良好な関係維持，顧客満足度向上，ひいては投資家への還元等に繋がり，全てのステークホルダーにとって有益となる。

ステークホルダーとは，顧客，従業員，取引先，投資

家など利害関係者のことです。パナソニックや川崎重工が謳っているように，企業価値の向上は，ステークホルダーの満足度を高めます。ただし，企業価値とは何かという問に対する答えは，ステークホルダー間で異なるかもしれません。価値には，満足度などの主観的な評価が影響するからです。

　様々な見方があることを承知の上で，本書では，企業価値を数値で評価することにします。企業価値を数値で評価することを企業価値評価（バリュエーション）といいます。バリュエーションでは，企業が長期的に安定してキャッシュを生み出す力を評価することになります。長期，安定，キャッシュの3つがポイントです。キャッシュを利益に代えてもいいのですが，近年ではキャッシュフローを重視する流れが強くなっていますので，あえてキャッシュとしておきます。

　長期的に安定的なキャッシュを生み出す力を高めるためには，ステークホルダーとの良好な関係が必要です。そして，企業価値の向上によって，ステークホルダーは満たされます。経営が長期的に安定している企業の製品やサービスは，顧客の満足度を高めているはずです。長期にわたり安定したキャッシュを生み出す企業と関係をもつことは，取引先や従業員にとって悪いはずがありません。企業価値の向上は株価の上昇につながるため，投資家の満足度は高まります。

2　企業価値評価

　企業価値評価の専門家達の間で，話題になった事例が

あります。カネボウ株式買取価格決定申立事件です。カネボウ株式の売買価格について、投資家間で意見が一致せず、決着が司法の場にもち込まれました。東京地裁は、この事件について、次のような結論を出しました。判例自体は長いので、要点のみ紹介しましょう。

　本件の最大の争点は、買取価格がいくらかという点である。まず問題になるのは、評価方法としてどの方法を採用するかということである。本件では、会社の存続を仮定して株式の価値を評価すべきである。継続企業としての価値の評価に適した評価方法は、DCF法である。DCF法による企業価値評価は、将来のフリー・キャッシュフローを見積もり、年次ごとの割引率を用いて求めた現在価値の総和を求め、事業外資産を加算することで求められる。企業価値評価額から、有利子負債を減算すると株式価値が算出できる。このようにして算出された株式価値は、株主が将来に得られると期待できる利益（キャッシュフロー）の現在価値になっている。（判例タイムズ 2008 年 6 月 15 日号 120 頁に加筆、修正）

DCF 法とは、Discounted Cash Flow 法の略で、割引キャッシュフロー法と訳されます。継続企業の価値を評価する際には、DCF 法を用いるのが適しているというのが、判例のエッセンスです。DCF 法は、長期にわたり安定的なキャッシュを生み出す力を数値化する方法です。上の文では、継続企業の将来のフリー・キャッシュフローが、長期のキャッシュに相当します。後で説明す

るように，割引率（Discount Rate）は，安定性の指標になります。日本の実務界では，この事件以降，DCF法を用いた企業価値評価が主流になりました。

　カルチュア・コンビニエンス・クラブがMBO（Management Buyout）を行った際にも，売買価格に対する意見が分かれ，司法が判断をくだしました。大阪地裁は，DCF法により算定される企業価値が，将来の収益獲得能力を反映したものであるとし，DCF法を合理的な評価手法であるとしています。

　学術の世界では，かなり以前からDCF法が推奨されています。例えば，ノーベル経済学賞を受賞したモジリアーニ（Modigliani）とミラー（Miller）は，1958年に示した命題の中で，DCF法による企業価値評価にふれています。下記はその抜粋です。

　The market value of any firm is given by capitalizing its expected return at the rate appropriate to its class.

　「企業価値（企業の市場価値）は，リスクのクラスに応じた適切な率（割引率）を用いて，将来の期待リターンを資本化することで求められる」という内容です。資本化（capitalizing）とは，将来のリターンの現在価値を求めるという理解でよいでしょう。モジリアーニとミラーは，ノーベル賞の対象となった命題を証明するために，DCF法を用いたのです。

　このように，DCF法による企業価値評価は，理論的な根拠をもち，実務にも普及しています。企業価値評価の入門書である本書でも，DCF法を中心にして，企業価値評価を解説します。

3　企業と投資家

(1) 企業とステークホルダー

　企業価値の向上には，様々なステークホルダーとの良好な関係が不可欠です。図表1.1は，企業とステークホルダーの関係を示しています。

　事業を行うためには，ヒト，モノ，おカネが必要です。企業は，人材を雇い，労働力の対価として賃金を支払います。設備や原材料を購入すると，原材料費や実物投資コストがかかります。そして，資金を調達すると資本コスト（Cost of capital）を負担しなければなりません。

　投資家からみると，資本コストは，金利や株式リターンなどの投資収益率に相当します。将来は不確実ですから，投資収益率を期待収益率ということもあります。投

図表1.1　企業とステークホルダー

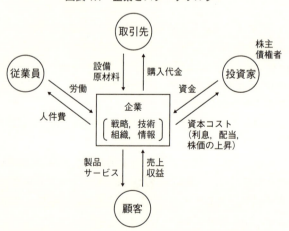

資の期待収益率は、資金回収の安定性によって決まります。そのため、期待収益率や資本コストは、安定性の指標といえます。期待収益率や資本コストの原則は、ハイリスク・ハイリターンです。

資本コストは、企業価値評価におけるキーワードの一つです。カネボウの事例では、資本コストが割引率と表現されています。資本コストと割引率は、同じ意味です。

企業は、ヒト、モノ、おカネと技術、情報、組織力などを戦略的に利用することで、顧客に良質な製品やサービスを販売します。製品やサービスを販売すると、売上が計上されます。売上から売上原価や販売管理費などの諸コストを引くと、営業利益になります。営業利益から、税金を支払った後に残る税引後利益が、投資家への利益還元のベースになります。損益計算書の最後の行に記載されるという意味で、税引後利益をボトムラインということがあります。トップラインは売上高です。

DCF法による企業価値評価では、会計上の利益に調整を行い、フリー・キャッシュフロー（Free Cash Flow：FCF）を求めます。FCFは、事業活動からフリーなキャッシュで、投資家に配分することができます。長期的なFCFを資本コストで割り引いたものが、企業価値評価になります。

(2) 投資家からみた企業価値

本書では、企業が生み出すFCFを、安定性と長期性という観点から評価して、企業価値を算出します。FCFと資本コストは、いずれも投資家に直結します。したがって、本書でいう企業価値評価は、投資家からみたバリ

ュエーションになります。企業価値評価やバリュエーション（Valuation）という名がつく書物の多くは，本書と同じアプローチをとっています。カネボウやカルチュア・コンビニエンス・クラブの判例も同じでした。

　投資家からみた企業価値評価には，数値化がしっくりくるという利点があります。投資家は，企業に資金を投資し，回収します。投資額と回収額はいずれも数値です。満足度やモチベーションではありません。ステークホルダーの中で，企業価値を数値で評価することに最も違和感がないのは，投資家だといえるでしょう。

　投資家にとっての企業価値評価というアプローチは，グローバルスタンダードになっています。FCFを資本コストで割り引いて企業価値を求める方法は，コーポレートファイナンスの理論に適っています。日本だけでなく，欧米の司法判例でも認められています。世界中の実務でも用いられています。本書を学ぶことで，グローバルスタンダードな知識を身につけることができます。これも大きな利点です。

(3) コーポレート・ファイナンス入門

　本書は，企業と投資家の関係をもとにして，企業価値評価を解説します。より包括的に投資家と企業の関係を分析する学問領域は，コーポレートファイナンス（企業金融）です。企業価値評価においても，コーポレートファイナンスの概念や用語が頻出します。コーポレートファイナンスの知識が不足している方は，本書の姉妹本である日経文庫『コーポレート・ファイナンス入門』を横において，本書を読み進めてください。

第1章 企業価値評価の考え方

(4) 企業と投資家

図表1.2は、企業と投資家の関係を要約したものです。企業は、投資家から資金を調達します。企業の資金調達は、株式発行を伴うエクイティファイナンスと負債調達に分けられます。株式と負債の比率は、資本構成といわれます。

企業は、投資家から調達した資金を用いて事業活動を行い、価値を創造します。戦略を立案し、投資評価やM&Aの検討を行い、それらを実践していきます。経済的な価値が創造されるのは、企業の事業活動です。

事業活動として製造・販売を考えましょう。事業を行うためには、計画的な設備投資が必要になります。社員を雇用するために雇用契約を結んだり、取引先との間で取引基本契約を締結したりすることも必要です。

図表1.2 企業と投資家

```
          ┌─────────────────────────┐
          │ 企業価値評価とリスク負担 │
          └─────────────────────────┘
                   ┌──────────┐
         ┌────────→│  投資家  │←────────┐
         │         └──────────┘         │
  ┌──────────────┐              ┌──────────────┐
  │   資金調達   │              │  ペイアウト  │
  │ (資本構成)   │              │(配当,自社株買い)│
  │  資本コスト  │              │ 成果としてのFCF │
  └──────────────┘              └──────────────┘
         │      ┌──────────────┐      │
         │      │ 価値創造の場 │      │
         └─────→│    企業     │←─────┘
                └──────────────┘
                ┌──────────────┐
                │戦略立案と実行│
                │投資評価と判断│
                │  事業投資   │
                │    M&A      │
                └──────────────┘
```

事業の体制が整うと，製造を開始します。原材料を仕入れ，製造し，製品を完成させ，顧客に販売します。製造をスムーズにワークさせるためには，原材料や仕掛品などのたな卸資産が必要です。仕入や販売をスムーズにワークさせるためには，売上債権や仕入債務などの企業間信用が役に立ちます。企業価値評価では，たな卸資産や売上債権や仕入債務を運転資本（ワーキングキャピタル：Working Capital）として扱います。運転資本は，FCF に影響します。

　事業活動の成果は，売上高から諸コストを引いた利益として表れます。利益に減価償却費を加え，来期以降の投資資金（設備投資，運転資本）を調整したものが FCF です。減価償却費は費用計上されますが，資金の支出を伴いません。FCF 計算では戻し入れます。

　企業は，事業活動からフリーとなったキャッシュを投資家に還元します。図表 1.2 のペイアウトです。ペイアウトの方法には，配当や自社株買いなどがあります。『コーポレート・ファイナンス入門』（Ⅵ章）で確認してください。

　投資家が提供した資金は，企業の事業活動を通じて価値を高め，投資家に還元されます。このように，コーポレートファイナンスや企業価値評価では，資金循環の最初と最後に投資家を位置づけます。ただし，価値を創造するのは，企業の事業活動です。このことは，本書を読み終えても忘れないようにしてください。

　図表 1.3 は，実際の企業の経営目標です。図表 1.2 のテーマが，具体的に示されています。事業活動では，資産効率や資本利益率を高める事業を行う。ペイアウトで

図表1.3　企業価値向上と3つのテーマ

①資産効率の向上 　資本効率の向上	長期的に連結ROA4.5％程度，連結ROE9％程度を目指して利益率向上に取り組む。
②株主還元	安定配当の継続を基本にすえながら，業績や今後の経営計画等を踏まえ，他の利益還元策等を総合的に勘案して決定。配当性向は剰余金分配可能額の範囲内で，短期的な利益変動要因を除いて連結配当性向30％以上を目指す。 成長のための事業投資を実施したうえで，財務状況やキャッシュフローに余裕がある場合には，機動的に自社株買いも実施。
③財務健全性の維持	自己資本比率50％以上，D／E比率（有利子負債／自己資本）0.7程度を中長期的に維持。

(出所)　大阪ガスグループ中期経営計画「Catalyze Our Dreams」の経営目標より抜粋

は，配当を中心として，機動的な自社株買いも行う。資本構成では，財務の健全性を維持するために，D／E（有利子負債／自己資本）比率の目標を掲げる。事業と財務の組合せが，経営目標として数値化されています。

　事業目標として，資本利益率（ROAやROE）を重視することは，理に適っています。企業価値の向上にとって，資本利益率を高めることは，何よりも優先されるからです。ROA（Return on Assets）は総資産利益率，ROE（Return on Equity）は自己資本利益率です。

(5)　リスク回避と資本コスト

　企業価値評価やコーポレートファイナンスでは，投資家がリスク回避的（risk averse）であることを前提にして，理論を体系化しています。リスク回避的とは，リスキーな投資をしないということではありません。リスキー

な投資に対して,適切なリターンを要求することをいいます。

　日本や欧米のような先進国が発行する国債をリスクがない安全資産とみなし,国債利回りをリスクフリー・レートとしましょう。リスク回避的な投資家は,リスクがある投資に対して,リスクフリー・レートを上回るリターンを期待します。民間企業が行うビジネスは,国債よりリスクが高い(ハイリスク)はずです。リスクがあるビジネスが生み出すFCFにも,リスクがあります。そのため,投資家は,企業に対して,リスクフリー・レートを上回るリターンを期待します。期待リターンがリスクフリー・レートを上回る部分をリスクプレミアムといいます。リスク回避的な投資家は,リスクプレミアムがなければ投資を行わないといえます。

　投資家は,リスクに見合うリターンを期待します。企業は,投資家が期待する成果をあげるように経営をしなければなりません。企業経営が投資家の期待を裏切り続けると,投資家は企業の評価を下げます。企業価値の向上という目的が達成できなくなった企業の経営陣は,株価の下落に見舞われ,株主から経営責任を問われます。コーポレート・ガバナンスが進んでいる潮流からすると,企業価値を毀損した経営陣は,退陣を迫られるかもしれません。

　投資家の期待は,期待リターンや期待収益率といいます。企業にとっては,資金調達のコストであり,資本コストとよばれます。企業は,リスクのあるビジネスを行うことで,資本コスト以上のリターンを目指します。中長期的に資本コストが稼げなくなると,企業価値は下落

し，先に述べたような事態が生じます。資本コストを超える成果をあげると，投資家は企業価値を高く評価します。このように考えると，資本コストは，企業価値を維持するために，企業がクリアすべきハードルという見方ができます。

4 企業価値と成長戦略

(1) サステイナブル成長

サステイナブル成長モデルを用いて，皆さんを企業価値評価に招待しましょう。サステイナブル成長は，非常に魅力的な用語です。地球レベルでいうと，利用可能な地球の資源を用いて，持続できる成長をサステイナブル成長といいます。企業経営においても同様です。利用可能な経営資源を用いて，企業が持続できる成長がサステイナブル成長になります。

図表1.4は，サステイナブル成長モデルの数値例です。議論をシンプルにするため，負債がない企業を考えましょう。企業は，投資家から調達した自己資本1,000を元手にしてビジネスを行います。自己資本に対する利益率（ROE）の目標は10％です。目標ROEの10％は実現可能であるとします。もちろん，リスクはあります。

企業の事業計画では，配当性向が6割，残り4割が内部留保による再投資です。配当性向が6割ということは，利益の6割を配当として投資家に還元することを意味します。再投資の収益率は，ROEに等しく10％になる予定です。期末の自己資本は，期首自己資本に利益を加え，配当を引いた値になります。この関係をクリーン・

図表 1.4　サステイナブル成長モデル

	1年目	2年目	3年目
①投下資本（期首自己資本）	1000	1040	1081.6
② ROE（自己資本利益率）	10%	10%	10%
③利益（①×②）	100	104	108.16
④配当 （配当性向6割：③×0.6）	60	62.4	64.896
⑤内部留保 （再投資比率4割：③×0.4）	40	41.6	43.264
⑥期末自己資本 （①+③-④）	1040	1081.6	1124.864
利益成長率		4%	4%
自己資本成長率	4%	4%	4%
配当成長率		4%	4%

・サステイナブル成長率＝再投資収益率（ROE）×内部留保率
　＝ 10%× 0.4 ＝ 4%
・4年目以降も利益，自己資本，配当が 4%で成長

サープラスといいます。

クリーン・サープラス関係によると，1年目の期末自己資本は 1,040 です。したがって，2年目は 1,040 の資本を用いて 10%の ROE を目指すことになります。利益目標は 104，配当予想は 62.4 という計画です。以降も同じです。このように，企業は 4%でサステイナブルに成長します。図表 1.4 の数値が示すように，自己資本，利益，配当がすべて 4%で成長していきます。

サステイナブル成長率は，再投資収益率（ROE）と再投資比率（内部留保率）をかけることで求まります。数値例では，再投資収益率が 10%，内部留保率が 4割

です。したがって，サステイナブル成長率は4％になります。サステイナブル成長は，内部資金の再投資によって実現されるため，持続可能であると考えられます。成長ドライバーは，継続的な内部留保による持続的な再投資です。サステイナブル成長モデルでは，利益とともに，企業の資産や資本が適正に膨らんでいきます。

(2) 定率成長モデルと定額モデル

企業価値評価やコーポレートファイナンスでは，配当やFCFが一定の率で成長するモデルを定率成長モデルといいます。図表1.4のサステイナブル成長モデルでは，毎期一定の率で配当が成長する計画になっています。成長に必要な投資用の資金は確保されているため，配当は事業活動からフリーなキャッシュフロー，すなわちFCFになります。

企業価値は，企業が生み出すFCFを長期性と安定性で評価します。まず，長期性について考えましょう。ゴーイングコンサーンといわれるように，企業は継続して利益やキャッシュを生み出す経済主体です。サステイナブル成長モデルにおいても，配当やFCFは永続的にもたらされます。永続的なFCFは無限個あります。したがって，無限個のFCFや配当の現在価値を足し合わせる作業が必要になります。紙面に無限個のものを書くことはできません。便利な表計算ソフトといえども，無限個の数値をインプットすることは不可能です。

そこで，無限等比数列の和の公式という数学の知識を使うことになります。定率成長モデルでは，評価時点から1年先のFCFを（資本コスト－成長率）で除するこ

図表 1.5　DCF 法の基本式・定額モデル・定率成長モデル

(a) 基本式

$$PV = FCF_1/(1+\rho) + FCF_2/(1+\rho)^2 + \cdots$$

　　FCF_1, FCF_2, … 　各期の FCF の期待値
　　ρ は割引率（資本コスト，期待収益率）

(b) 定額モデル

$$PV = FCF/\rho$$

　　$FCF_1 = FCF_2 = \cdots = FCF$　毎期の期待 FCF が一定

(c) 定率成長モデル

$$PV = FCF_1/(\rho - g)$$

　　$FCF_2 = FCF_1(1+g)$, $FCF_3 = FCF_2(1+g)$, …
　　期待 FCF が定率 g で永続的に成長
　　成長率 g ＜割引率 ρ

とで，現在の評価額が算出できます。成長率がゼロの場合，将来の期待 FCF が毎期一定の定額モデルになります。

図表 1.5 は，DCF 法についてまとめたものです。基本式 (a) では，毎期の期待 FCF を資本コストで割り引いた値の総和が，現在の評価額（PV：Present Value）になっています。定額モデル (b) は，毎期の期待 FCF が一定額である場合の評価額を求める公式です。定率成長モデル (c) は，毎期の期待 FCF が定率で成長する場合の評価額の公式になっています。定率成長モデルの成長率をゼロにすると定額モデルになります。また，定率成長モデルでは，永続的な成長率は資本コストより小さい（図表では g ＜ ρ）という制約がつきます。この制約がなければ，評価額は発散してしまいます。各公式の導出は，コーポレートファイナンスや企業価値評価の専門書に示されていますので，そちらを参照してく

ださい。

(3) 成長戦略の評価

　成長は魅力的です。しかしながら，真の問題は，成長が価値向上に結びつくか否かです。定率成長モデルの公式を用いて，図表1.4のサステイナブル成長企業を評価しましょう。そのためには，資本コスト（割引率）が必要です。ここでは，資本コストとして，8％，10％，12％の3通りを考えます。資本コストはFCFのリスクに依存します。資本コスト8％はローリスク，10％はミドルリスク，12％はハイリスクに対応すると考えてください。

　有利子負債がない企業の1年目のFCFは配当に等しく，数値例では60（利益×配当性向）になります。企業のFCFは，2年目以降，毎期4％の率で成長します。

　資本コストが8％のとき，定率成長モデルを適用すると，企業価値評価額は1,500になります。資本コストが10％のとき，企業価値評価額は1,000，資本コストが12％のとき，企業価値評価額は750です。図表1.6の該当箇所（アミかけ部分）を参照してください。

　価値を創造しているのは，資本コストが8％のケースです。投資家は，企業に1,000を投資します。企業は，投下資本を用いてサステイナブル成長を志向し，1,500の評価を得ます。これが価値創造です。企業価値（時価評価，市場価格）が簿価（投下資本）を上回っています。よく知られている株価指標であるPBR（株価純資産倍率）は，1.5倍（1,500÷1,000）になります。

　資本コストが10％のとき，企業価値評価額は投下資

図表 1.6 成長と価値

資本利益率と 資本コスト	成長率 (再投資比率)	定率成長モデルによる 企業価値評価
[ケース1] 資本利益率(10%) ＞資本コスト(8%)	0%（ゼロ）	100 ÷ 8% = 1,250
	2%（2割）	80 ÷ (8% − 2%) = 1,333
	4%（4割）	60 ÷ (8% − 4%) = 1,500
	6%（6割）	40 ÷ (8% − 6%) = 2,000
[ケース2] 資本利益率(10%) ＝資本コスト(10%)	0%（ゼロ）	100 ÷ 10% = 1,000
	2%（2割）	80 ÷ (10% − 2%) = 1,000
	4%（4割）	60 ÷ (10% − 4%) = 1,000
	6%（6割）	40 ÷ (10% − 6%) = 1,000
[ケース3] 資本利益率(10%) ＜資本コスト(12%)	0%（ゼロ）	100 ÷ 12% = 833
	2%（2割）	80 ÷ (12% − 2%) = 800
	4%（4割）	60 ÷ (12% − 4%) = 750
	6%（6割）	40 ÷ (12% − 6%) = 667

(注) 成長率＝再投資収益率 10%×再投資比率

本に等しくなります。PBR は 1.0 倍です。これは，価値の創造でも毀損でもありません。現状維持というところです。

興味深いのは，資本コストが 12%のケースです。企業価値評価額は 750 となり，投資家が提供した資本 1,000 を下回ります。このとき，企業は投資家の資産価値を毀損していることになります。PBR は 0.75 倍となり，1.0 を下回ります。会計監査では，資産価値を減損すべきだという指摘がなされるでしょう。それ以前に，この成長戦略を掲げる企業は，資金調達ができないと考えられます。賢明な投資家であれば，評価額が 750 の企業に 1,000 の資金を投資することはありません。企業価値評価を行

わずに,成長の可能性にのみ注目して投資を行うと,その直後に多額の損失が出ます。企業価値評価の重要性が理解できます。

(4) 成長戦略の注意点

　再び図表1.6を見てください。成長率が高くなるほど,企業価値が向上するという望ましい状況は,資本利益率が資本コストを上回るケース(ケース1)です。このとき,成長は価値創造のドライバーになります。内部留保と再投資を増やし,成長率を高めるほど,企業価値は向上します。

　資本利益率と資本コストが等しいケース2では,成長率は企業価値に影響しません。配当を増やしても,逆に再投資を増やしても,企業価値評価額は,投下資本に一致します。

　資本利益率が資本コストを下回るケース3では,成長が企業価値を毀損します。企業の資本コストは,リスクを負担する投資家が期待するリターンです。ケース3において,投資家は12%のリターンを期待しています。一方,企業活動の成果である資本利益率は10%しかありません。成果が期待に見合っていないため,投資をすればするほど,価値が毀損されるのです。

　ケース3において,毎期の利益100を再投資せず,すべて配当にまわすという経営を考えましょう。この場合,成長率はゼロですが,企業価値評価額は833になります(ケース3の最初の行)。ケース3では,内部留保による再投資の比率を高め,成長を追求すればするほど,企業価値は下落します。利益の6割を再投資すると,成長率

は6%まで高まりますが,評価額は667になり,投下資本1,000を大きく下回ります(ケース3の最後の行)。資本コストが12%のとき,資本利益率10%の投資機会に再投資することが,企業価値の向上と矛盾しているのです。

売上や利益の伸びが企業価値に直結するのであれば,成長戦略が企業経営の基軸になります。しかし,事はそう単純ではありません。成長と企業価値向上が,両立するとは限らないのです。企業価値の向上にとって,成長より重要なことは,資本コストと資本利益率の関係です。企業は,資本コストを上回る資本利益率をあげることで,経済的な価値を付加することができます。これが本質です。逆に,売上高や利益が伸びても,資本利益率が低ければ,企業価値は高まりません。

成長戦略と企業価値の関係について,大切なポイントを2つまとめておきましょう。第1に,持続的な成長には,継続的な再投資と,再投資が利益を生み出すサイクルが必要になります。第2に,成長が企業価値を高めるとは限りません。成長による価値向上を実現するためには,資本コストと資本利益率の関係を正しく見極めることが必要になります。例えば,新興成長国への投資機会には,高い成長ポテンシャルと同時に,ハイリスクが潜んでいます。リスク・リターン関係を理解せず,成長だけに目が奪われると,成長が価値を毀損するという悪循環に陥りかねません。

企業価値評価の知識を正しく使うことで,価値創造の本質が理解でき,成長戦略を正しく評価することができます。

5　資本利益率と資本コスト

(1)　経営指標と資本利益率

　企業価値評価は，専門的で精細な分析と作業を必要とします。そのため，日常の業務遂行では，企業価値と整合的な分かりやすい指標を掲げることが好ましいといえます。これまでの議論から，企業価値の向上と整合的な経営指標は，資本利益率であることが分かります。欧米のビジネススクールでよく使われている企業分析のテキストは，資本利益率の重要性を次のように解説しています。

- たいていの財務比率には絶対的な基準値がない。資本利益率は例外であり，資本コストと比較することができる。例えば，自己資本利益率（ROE）は，株式資本コストと比較できる。
- 長期的には，企業の株式価値はROEと株式資本コストの関係で決まる。長期にわたって，株式資本コスト以上のROEを生み出すことが期待される企業は，経済的な価値が付加され，市場価値が簿価を上回る。
- ROA（営業利益÷総資産）を評価するための適切な基準値は，負債と株式の加重平均コスト，つまりWACCである。長期的にみると，企業価値はWACCとROAの関係で決まる。

（パレプ，バーナード，ヒーリー『企業分析入門』より抜粋）

　資本コストは，資本の種類によって3つに分類できます。株式（自己資本）に対する株式資本コスト，負債

（借入や社債）に対する負債コスト，両者を平均した加重平均資本コストです。加重平均資本コスト（Weighted Average Cost of Capital：WACC）は，株式と負債の合計である総資本（総資産）に対する資本コストになります。それぞれ，ROEと株式資本コスト，支払利息と負債コスト，ROAやROICとWACCという対応関係になります。ROEやROA，ROICについては，図表1.7を参照してください。なお，入門書である本書では，ROAとROICを代替的に使用します。

資本利益率の重要性については，経営戦略の大家であるマイケル・ポーター教授も次のように述べています。

> あらゆる組織に共通する経済的な目標とは，すべてのインプットのコストを超える価値をもつ製品やサービスを生産することである。言い換えれば，資源を効

図表1.7　資本利益率と資本コスト

```
営業利益     総資産     有利子負債 ← 債権者
ROA    ←               (Debt)      負債
ROIC         投下資本              コスト
                        加重平均
                        資本コスト
                        (WACC)
当期利益                自己資本 ← 株主
ROE    ←               (Equity)    株式資本
                                    コスト
```

- ROA（Return On Assets）＝営業利益 ÷ 総資産 ⇒ WACCが対応
- ROIC（Return On Invested Capital）＝営業利益 ÷ 投下資本
  ⇒ WACCが対応
- ROE（Return On Equity）＝当期純利益 ÷ 自己資本
  ⇒ 株式資本コストが対応

率的に利用することが組織の本来の務めといえる。この考えを表す財務指標は，投下資本利益率（ROIC）である。長期的なROICをみれば，企業が経営資源をどれだけ効率的に利用しているかが分かる。ROICには，顧客のために価値を生み出し，競合他社に対抗し，資源を生産的に利用するという競争の3つの側面がすべて織り込まれている。企業は十分な収益をあげてこそ顧客を満足させられるし，資源を効率的に利用してこそ，競合他社に持続的な対抗ができる。（マグレッタ『マイケル・ポーターの競争戦略』より抜粋）

図表1.8　日本企業の経営指標

経営指標と普及期	背景
売上高営業利益率 （1990年代前半〜）	バブル崩壊による本業外の財テクに対する反省と，低下した本業の収益力向上が課題となった。
ROE （Return on Equity） （1990年代半ば〜）	外国人株主が増加し，日本企業の資本効率の低さを指摘。年金基金連合会が議決権行使のROE基準を導入。
EVA（Economic Value Added） （1990年代後半〜）	低迷する株価に対し，価値を意識した経営の必要性が主張され，経済的付加価値（EVA）が導入される。資本コストを超えるリターンを稼ぐことが重要という考え方が普及。
ROIC（Return on Invested Capital） （2000年代前半〜）	事業の資本効率を重視する動きが強まる。投下資本に対する営業利益率を管理指標とする動きが広がる。
CCC（Cash Conversion Cycle）（2010年前後〜）	金融危機によって，キャッシュフローの重要性が再認識される。

（出所）　日本経済新聞2012年12月5日付朝刊15面をもとに作成

企業価値の向上を掲げる日本企業の間でも，資本利益率を経営指標として取り入れる動きが広がっています。図表1.8は，日本企業における潮流です。ROEとROICは資本利益率です。経済付加価値と訳されるEVAは，価値創造の指標です。キャッシュコンバージョン・サイクル（CCC）はキャッシュフローと深い関係があります。バブル崩壊後の日本企業は，資本利益率を高め，キャッシュフローや資本コストを意識して，企業価値の向上を目指しているといえます。

(2) 競争優位と資本利益率

　個別企業の経営計画においても，資本利益率を明示するケースが増えています。図表1.3で紹介した大阪ガスは，ROAとROEの中期的な目標値を掲げています。日本経済新聞（2010年9月9日15面）は，「財務が変える経営」として，ホンダ，川崎重工，東芝，日本郵船，三菱重工などの大企業が，資本利益率を導入した実例を紹介しています。

　住友重機械工業の「中期経営計画2016」では，売上高と営業利益率の目標に加え，下記のような方針が明記されています。そこには，ROICやWACCの説明もあります。

　　引き続きROICを住友重機グループの経営指標とし，ROIC ＞ WACCを継続するとともに，ROIC 7％以上の確保を目指します。

（注）ROICは投下資本利益率であり，投下資本（株式と有利子負債の合計額）に対してどれだけ利益を出しているかや，資本のコ

ストに見合う収益性があるかを示す指標です。WACC は加重平均資本コストであり，株式資本コストと有利子負債にかかるコストからなります。

企業価値の向上には，競争優位を確保して，資本コストを上回る資本利益率をあげることが必要です。

競争優位とは，企業の戦略が経済価値を創出し，同様の行動をとっている企業がほとんど存在しない状況です。競争優位を確立した企業は，資本利益率が資本コストを上回る状態が持続し，企業価値が向上します。競争均衡とは，複数の企業が経済価値を創出する戦略をとっている状況です。均衡では，各企業の資本利益率は資本コストに等しく，企業価値は維持されます。競争劣位とは，企業の戦略や行動が経済的価値を生み出さないことを意味します。競争劣位にある企業は，パフォーマンスが低く，資本利益率が資本コストを下回ります。そのため，企業価値は低下することになります。

日本企業は，技術力や人材が優れており，強いオペレーション力をもつといわれます。オペレーション力は，長い年月をかけて磨く必要があるため，競争優位の源泉になります。あとは正しい経営方針を定め，進んでいくことです。オペレーション力のある企業が誤った方向に進むことほど，怖いことはありません。正しく失敗するからです。企業価値評価やコーポレートファイナンスでは，中長期的な資本利益率を経営指標として，オペレーション力を生かすことを推奨しています。

(3) 資本利益率と経営戦略

利益を資本で除した資本利益率は，売上高をはさん

で，売上高利益率と資本回転率（資産回転率）に分解できます。資本利益率を分解すると，ビジネスの特徴が見えてきます。

図表1.9は，資本利益率を分解したものです。図中の右下がりの曲線は，資本利益率が5％になる売上高利益率と資本回転率の組合せを示しています。曲線の左上に位置する企業や事業は，高い売上高利益率と低い資本回転率というポジションにあります。曲線の右下は，低い売上高利益率と高い資本回転率で特徴づけられるポジションといえます。

資本利益率のポジションは，経営戦略と関係があります。経営戦略の代表といえば，差別化とコストリーダー

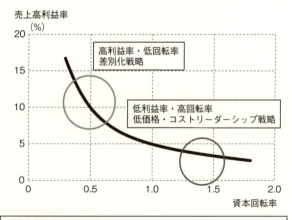

図表1.9　資本利益率の分解

- 資本利益率
  ＝売上高利益率（利益÷売上高）×資本回転率（売上高÷資本）
- 図中の実線は資本利益率が5％になる売上高利益率と資本回転率の組合せ

シップです。差別化をとっている企業や事業は,売上高利益率が高く,資本回転率は低いという特徴をもっています。差別化は,他社が真似できないものを高く売る戦略です。量を捨てる代わりに,質やサービスに注力し,高く売ることを目指します。その結果,利益率と回転率は,左上のポジションに位置するはずです。

コストリーダーシップは,安く多く売るという戦略です。コストリーダーと低価格を掲げる企業や事業は,売上高利益率は低いが,資本回転率は高くなる傾向があります。多売のために利ざやを捨てているのです。資本利益率のポジションは,右下になるはずです。

よく用いられる事例は,小売業界におけるディスカウンターと高級ブランド店の比較です。一般的に,ディスカウンターは,コストリーダーシップ戦略をとっています。高級ブランド店は,顧客ターゲットを絞った差別化戦略を志向しています。両者の戦略の相違は,財務数値と資本利益率のポジションに表れます。コストリーダーを目指しているのに回転率が上がらなければ,製品やコスト構造を見直す必要があります。差別化戦略をとっているのに売上高利益率が低ければ,戦略はうまくいっているとはいえません。顧客ターゲットを見直したり,訴求価値を改めたりする必要があります。

高級フレンチと立食フレンチ,高級寿司と回転寿司の比較にも,資本利益率の分解が適用できます。高級は,高い利益率を得る代わりに,顧客数(回転率)を絞っています。立食や回転ビジネスは,価格を抑えて低利益率に甘んじる代わりに,回転率を高め多くの顧客に来店してもらうことに注力しています。

このように，資本利益率を分解すると，多く売るか，高く売るかというトレードオフが明確になります。両方を追求することも可能でしょうが，まずはどちらかに狙いを定め，資本利益率を高める方向を明確にすることが，現実的な判断であると考えられます。

(4) 転地と資本利益率

　資本利益率のポジションは，業界や事業の収益構造とも関係があります。例えば，製薬業界（とくに創薬）は，薬価制度により価格競争を回避することができます。医薬品の研究開発やイノベーションを促進し，国民の健康を守るため，一定の利益を確保することを国が保証しているのです。そのため，高い売上高利益率が確保できます。一方，日常生活に必要不可欠とはいえないため，医薬品の売上高は限られています。資本利益率の分解では，高い売上高利益率と低い資本回転率というポジションにあります。

　低い売上高利益率と高い資本回転率のポジションにある業界は，小売や卸売です。生活必需品を販売しているスーパーマーケットを考えてください。各社は売上を増やすために，特売によって価格を下げたり，エブリデイ・ロープライスを謳ったりしています。プライベートブランドも，低価格を認知してもらう方策です。この業界では，コストをおさえ，低価格で多く売ることが，競争優位を築く王道と考えられています。

　企業はゴーイングコンサーンですが，事業の競争優位はその限りではありません。企業は，業界の収益構造と自社の経営資源を分析し，競争優位を持続するため，と

第1章 企業価値評価の考え方

きに事業を転換します。とくに,本業の転換を転地ということがあります。転地をすると,資本利益率のポジションが変わります。ここでは,総合商社の転地と資本利益率のポジションの変化を紹介しましょう。

かつて商社の主力事業は,企業と企業をつなぐ仲介ビジネス(卸売業)でした。卸売業は,高い資本回転率と低い売上高利益率という特徴があります。実際,2000年ごろまでの総合商社の資本利益率は,図表1.10の右下の領域にありました。当時の商社は,高く売ることより,多く売ることを優先していたといえます。

仲介ビジネスの資本利益率は,徐々に低下していきました。顧客企業が,資材調達や製品販売におけるノウハウを身につけ,商社の仲介機能に頼る必要性が薄れたのです。商社の利益率は低下し,経営統合などによる業界の再編がおこりました。

総合商社は,仲介から事業投資に転地しました。現在の商社は,資源開発から物流や小売にいたるまで,多く

図表1.10 事業転換と資本コスト

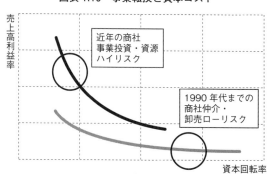

の事業に投資しています。かつての商社は，仲介事業により，企業間のバリューチェーンをつなぐ役割を果たしていました。近年は，事業投資を行い，バリューチェーンを保有しようとしています。

資本利益率のポジションも大きく変わりました。図表1.10でいうと，商社の資本利益率は，右下から左上に移動しています。事業投資を行い，バリューチェーンを保有することで，売上高利益率は高くなります。一方，事業投資では投下資本が長期に固定化するため，資本回転率は低くなります。総合商社は，低利益率と高回転率の領域から，高利益率と低回転率の領域に転地をしたといえます。

(5) ビジネスリスクと資本コスト

転地をすると，資本利益率（リターン）のポジションだけでなく，リスクも変わります。転地は，リスクとリターンの関係を変えることになります。このことを理解しておかないと，企業価値評価を向上させる経営はできません。

総合商社の例を続けましょう。かつての主力であった仲介事業は，相対的にローリスクです。仕入先から販売先に原材料や製品を流通させる仲介事業は，信頼関係に基づくネットワークを構築し，ノウハウを蓄積することが，リスクマネジメントになります。ビジネスリスクが小さいことを反映して，仲介事業の資本コストは低くなります。

事業に資本を投下する近年の商社のビジネスは，相対的にハイリスクです。とくに，資源権益や新興国への積

極的な投資は，期待リターンが高い反面，大きなビジネスリスクを覚悟しなければなりません。そのため，資本利益率のベンチマークである資本コストも高くなります。

ビジネスリスクは，売上高や利益の変動の大きさでみたり，株価のボラティリティの大きさでみたりします。企業価値評価やコーポレートファイナンスでは，現代ファイナンス理論の教えにしたがい，ベータというリスク指標を使います。総合商社のベータを調べると，近年は上昇傾向にあることが分かります。ベータの上昇は，ローリスク事業からハイリスク事業への転地と整合的です。

図表1.10には，資本コストを示す右下がりの曲線が2本あります。低い位置にある曲線は仲介事業の資本コスト，高い位置にある曲線は事業投資の資本コストを意味しています。資本コストは資本利益率のベンチマークでした。利益率と回転率を組み合わせて，企業は資本コストを上回る資本利益率をあげるよう経営します。

外部環境に内部の経営資源が適合し，競争優位を確立できれば，資本利益率が資本コストを上回ります。企業価値は向上するでしょう。外部環境が変わったり，経営資源が劣化したり，あるいは両者の適合がうまくいかなかったりすれば，資本利益率が資本コストを下回ります。企業価値は低下し，株価は下落します。

ビジネスの転地と資本利益率のポジションに，資本コストを書き込むことで，戦略と利益と企業価値の関係が見えてきます。事業や戦略を変えると，資本利益率の構造が変化します。同時に，リスクと資本コストの大きさも変わります。

6 リスクと現在価値

(1) リスクマネジメントとDCF法

 リスクマネジメントの基本は,リスクをきちんと認識し,正しい方法で評価し,意思決定に活用することです。現代のファイナンス論は,リスクを反映した割引率(資本コスト)を用いるDCF法を推奨しています。日本企業の間でも,DCF法による投資評価と意思決定が浸透してきました。

 筆者の一人が勤務する神戸大学MBAには,1学年に70名の社会人学生がいます。今年(2014年)の講義で,DCF法を使っているかどうか聞いたところ,半数近くが手を上げました。2005年ごろ,挙手をする学生は数名でした。この10年間,日本では,M&Aが普及し,企業価値評価の必要性が高まりました。リーマンショックにより,リスクマネジメントの重要性が再認識されました。日本企業の間でDCF法が広まっている背景には,社会や経済の流れがあります。

 ハイリスクな領域に転地を行った総合商社は,リスクマネジメントの体制ができています。総合商社は,DCF法を経営インフラとして実用化し,ハイリスクな事業投資の意思決定に利用しています。例えば次のようです。

 まず,事業計画を作成し,DCF法を用いて,投資を評価します。投資評価の定量的な指標には,正味現在価値(Net Present Value:NPV)を使うのが理論的です。NPVについては,後述します。

NPV 基準をクリアし,事業化が進むと,計画と実際との乖離を定期的にチェックします。そして,再び DCF 法を用いて,継続や中止の意思決定を行います。時間の経過に伴う変化を考慮するため,動態的に DCF 法を活用することもあるそうです。価値の確率分布を可視化するモンテカルロ・シミュレーションを導入しているところもあります。これらの考え方や手法は,ファイナンス理論が推奨しているものです。

ファイナンス理論は,半世紀以上の長きにわたり,リスク・リターンの関係を研究してきました。その成果が,DCF 法であり,企業価値評価です。総合商社の投資決定は,リスクマネジメントの基本に忠実であり,企業価値の向上と整合的であるといえます。

(2) 現在と将来

不確実性が高まっている現代,リスクを正しく評価する DCF 法は,企業の意思決定に欠かせないツールになっています。図表 1.5 やサステイナブル成長モデルの評価において DCF 法を紹介しましたが,ここで確認しておきましょう。

図表 1.11 は,DCF 法の考え方を数値例で表したものです。上の枠内をみてください。現時点で 100 と評価されているプロジェクトに投資すると,1 年後に 105 の FCF が期待できます。将来の FCF にはリスクがあります。リスク回避を前提にする限り,リスキーな FCF を現時点で評価した値は,105 よりディスカウントされます。これが DCF 法の基本的な考え方であり,企業価値評価にも通じます。

図表 1.11　DCF 法と現在価値

```
                    期待収益率 5%：
                    100×(1.05)=105
現在価値（PV）=100 ←――――――――→ 1 年後の期待 FCF=105
                    割引率 5%：
                    105÷(1.05)=100
```

- リスクフリー・レート=1.0%，リスクプレミアム=4.0%
- 投資家の期待収益率=リスクフリー・レート+リスクプレミアム
  =5.0%
- 投資家の期待収益率=企業の資本コスト=DCF 法の割引率=5.0%

　投資家の立場からすると，プロジェクトに投資をすれば5%の収益が期待できます。このとき，5%は期待収益率です。時間を逆にみると，DCF法による価値評価になります。プロジェクトが1年後に生み出すFCFの期待値を5%の率で現在価値に換算するのです。このとき，5%は割引率になります。

　企業は，投下資本をいかして5%の資本利益率をあげる計画を立案しています。投資家は，その経営計画を受け入れます。資本市場で決まるリスクに見合うリターンは5%です。企業は，投下資本に対して5%の資本コストを稼ぐ必要があります。資本コストを稼ぐことができなければ，評価額は下がります。

　外部環境が悪化し，資本利益率が3%に低下したとしましょう。将来の期待FCFは103（100 × 1.03）に下方修正されます。下方修正の発表直後に，プロジェクトの評価額は98（103 ÷ 1.05）に下落します。最初に100を投資した投資家は，損失を被ります。逆に，経営戦略が成功し，資本利益率が8%に高まると，期待FCFは108

になります。プロジェクトの評価額は，103（108 ÷ 1.05）に上昇します。このことから分かるように，資本コストは，投資家の資産価値を高めるか，毀損するかの分かれ目です。資本コストは，価値を維持するために必要な資本利益率のベンチマークになっています。

資本コスト（割引率）は，将来と現在を交換するキーファクターです。図表1.11の下の枠内は，その構成要素を説明しています。資本コストは，リスクフリー・レートとリスクプレミアムからなります。数値例では，リスクフリー・レートが1％，リスクプレミアムが4％となっています。資本コストは5％です。リスクフリー・レートは，貨幣の時間価値といわれます。リスクプレミアムは，リスク回避的な投資家が，リスク負担に対して要求する追加のリターンです。将来のリスキーなFCFは，リスクフリー・レートとリスクプレミアムを用いて割引評価する。これが，確実な現在とリスクがある将来の交換法則です。リスクフリー・レートとリスクプレミアムは，多数の投資家の意見が集約される競争的な資本市場で決まります。

(3) リスクと現在価値

ハイリスク・ハイリターンの原則により，リスクが大きいビジネスの資本コストや割引率は高くなります。図表1.12は，リスクが異なる3つの投資プロジェクトをDCF法で評価したものです。リスクは，主に外部環境の変動に起因するFCFや利益の変動です。

外部環境の変動は，景気と生起確率で表します。景気は株式市場と関連があります。本書では，好況と株式市

場の上昇,不況と株式市場の低迷を代替的に用います。図表1.12では,1年後が好況で,株式市場が上昇する確率は25%です。中立の状態が生起する確率は50%,不況で株式市場が低迷する確率は25%としています。

リスクフリーな投資プロジェクトは,将来のFCFが確実な投資対象です。図表中のリスクフリー・プロジェクトは,好況でも中立でも不況でも,100のFCFをもたらします。リスクフリー・プロジェクトを評価する割引率は,リスクフリー・レートです。リスクフリー・レートが1%のとき,プロジェクトの現在価値(PV)は99になります。

ローリスク・プロジェクトは,FCFは変動するが,変動率が小さいという特徴があります。外部環境に対する感度が,相対的に低いプロジェクトといえます。ハイリスク・プロジェクトは,外部環境に対するFCFの感

図表1.12　リスクと現在価値

将来(1期後)の 外部環境と生起確率	好況 株式市 場上昇 (25%)	中立 株式市 場安定 (50%)	不況 株式市 場低迷 (25%)	期待 FCF
リスクフリー・プロジェクト [割引率1%]	100	100	100	100
	評価額: PV(リスクフリー)= 100 ÷ 1.01 = 99			
ローリスク・プロジェクト [割引率10%]	120	100	80	100
	評価額: PV(ローリスク)= 100 ÷ 1.10 = 91			
ハイリスク・プロジェクト [割引率20%]	150	100	50	100
	評価額: PV(ハイリスク)= 100 ÷ 1.20 = 83			

度が高く，FCF の変動が大きいプロジェクトです。ローリスクやハイリスクというリスク水準は，相対的なものと考えてください。

図表 1.12 では，ローリスク・プロジェクトの割引率は 10%，DCF 法による評価額（PV）は 91 です。ハイリスク・プロジェクトは，割引率が 20%，評価額は 83 になります。リスクフリー・プロジェクトを含め，3 つのプロジェクトの期待 FCF は等しく，すべて 100 です。異なるのは，割引率（資本コスト）です。割引率は，リスクフリー・レートとリスクプレミアムの和でした。リスクフリー・レートは共通ですから，3 つのプロジェクトの相違は，リスクとリスクプレミアムにあります。

投資家のリターンを考えてみましょう。リスクフリー・プロジェクトの投資収益率は，リスクフリー・レートに一致します。ローリスク・プロジェクトへの投資は，10%の期待収益率をもたらします。ハイリスク・プロジェクトの期待収益率は 20%です。ハイリスク・ハイリターンになっていることが確認できます。

(4) 短期と長期

将来の FCF の現在価値と現時点の投資額の差は，NPV といわれます。日本語訳は，正味現在価値や純現在価値です。NPV がプラスであれば，投資は企業価値の向上につながります。逆に，NPV がマイナスの投資を行うと，企業価値は毀損されます。先に述べたように，総合商社は NPV を投資評価として用い，リスキーな事業投資のマネジメントに役立てています。他の日本企業の間にも，NPV の導入が広まっています。

現在価値は，時間やリスクを調整した実質的な値であり，足したり引いたりすることができます。また，現在価値や NPV を算出することで，時間軸が異なる投資案件を比較することができます。図表 1.13 を見てください。2 つの投資プロジェクトの FCF 計画と NPV が示されています。プロジェクト S は 1 年間という短期の投資，プロジェクト L は 4 年間という長期の投資です。資本コストが 10％のとき，NPV を計算すると，長期プロジェクト L の方が高くなります。

　図表 1.14 は，リスクが大きく，資本コストが 20％である場合の結果です。短期プロジェクト S の NPV が，長期より高くなっています。名目的な FCF の合計額から，プロジェクト L の方がよいと判断してはいけません。リスクと時間を考慮する必要があります。リスクと時間を考慮した DCF 法を用いて，実質的な評価を行うと，短期プロジェクト S の方が，企業価値に貢献します。

　図表 1.13 と図表 1.14 から分かるように，リスクが小さく，資本コストが低いとき，長期プロジェクトの価値は相対的に高くなります。リスクが小さい場合は，目先の成果より，長期的な可能性を重視すべきだといえます。逆に，ハイリスクで資本コストが高いときは，短期的な回収を優先すべきです。リスクが大きいということは，将来の見通しが立ちにくいということです。このような場合は，早く回収して，次の投資機会を待つのが，賢明な判断になります。

第1章　企業価値評価の考え方

図表1.13　短期と長期：ローリスクのケース

時点	0	1	2	3	4	NPV (10%)
S (短期)	▲60	80	0	0	0	12.7
L (長期)	▲60	25	25	25	25	19.2

NPV (S,10%) = －60 + 80/1.1 = 12.7
NPV (L,10%)
　= －60 + 25/1.1 + 25/1.1^2 + 25/1.1^3 + 25/1.1^4 = 19.2

・プロジェクトがローリスクで資本コストが低いとき（10%），短期的な成果（プロジェクトS）より長期的な成果（プロジェクトL）を重視する方が価値は高い

図表1.14　短期と長期：ハイリスクのケース

時点	0	1	2	3	4	NPV (20%)
S (短期)	▲60	80	0	0	0	6.2
L (長期)	▲60	25	25	25	25	4.7

NPV (S,20%) = －60 + 80/1.2 = 6.7
NPV (L,20%)
　= －60 + 25/1.2 + 25/1.2^2 + 25/1.2^3 + 25/1.2^4 = 4.7

・プロジェクトがハイリスクで資本コストが高いとき（20%），短期的な回収（プロジェクトS）を目指す方が，遠い将来の成果（プロジェクトL）を期待するより価値が高い

7　M&Aと企業価値評価

(1)　M&Aと事業構造

　事業や製品には寿命があります。いまから20年ほど前，写真といえばフィルムカメラでした。いま，写真といえば，デジタルカメラやスマートフォンです。写真フ

ィルム事業も、写真フィルムという製品も、ほとんどなくなりました。当時、写真フィルム業界の最大手は、富士写真フイルムでした。同社の 2000 年における写真フィルム関連の売上高は 8,000 億円、営業利益は 1,000 億円ありました。わずか数年間で、その大半が失われました。

にもかかわらず、富士フイルムという企業は生き残り、成長しています。事業構造を転換することができたからです。最近、同社の薬品がエボラ出血熱の治療に効果があるというニュースを聞いたり、同社の化粧品のコマーシャルを見たりします。同社は、写真フィルムから、製薬や化粧品、フラットパネルディスプレイの材料などに、転地したのです。事業の転換に伴い、社名を富士写真フイルムから富士フイルムに変えました。富士フイルムの 2013 年度の売上高は 24,400 億円、営業利益は 1,400 億円になっています。

富士フイルムが、スピーディーに事業構造を転換できた理由の一つは、積極的に M&A を利用したことです。当時の同社 CEO であった古森重隆氏は、著書『魂の経営』の中で、総額 7,000 億円を投じて 40 件の M&A を行ったと述べています。同社は、化学、物理、光学、電子など様々な分野において、高い技術力をもっています。同社は、技術を市場に結びつける手段として、M&A を活用したと考えられます。

アメリカの名門企業である IBM も、M&A を通じて、事業の再構築に成功しました。ちょうど、ルイス・ガースナーやサミュエル・パルミサーノが舵取りをした時代です。IBM は、価格競争力が低下したハードや機器か

ら，付加価値の高いソフトやサービスへと事業ドメインを変えました。同社の売上高構成をみると，ハードウェアの割合は低下し，ビジネスサービスやソフトウェアの割合が上昇しています。

IBMは，売りと買いを同時に行っています。代表的な売り案件は，ハードディスク事業の日立への譲渡，パソコン事業のレノボへの売却，プリントシステム事業のリコーへの売却などです。買い案件には，PwCコンサルティング，ラショナル・ソフトウェア，ビジネス・インテリジェンス，SPSSなどがあります。IBMは，その生い立ちを含め，最も多くのM&Aを行った100年企業といえるでしょう。

(2) 事業投資としてのM&A

M&Aの特徴は，ある程度できあがった事業を買収したり売却したりすることです。買手は，ビジネスを創造するのではなく，他社が育てたものを買収し，自社の強みをいかして，一気に価値を高めようとします。M&Aは，スピーディーな競争時代に適した経営戦略の手段といえます。

多額の資金を投じるM&Aは，事業投資とみなすことができます。事業投資と対照的なものは，債券などの金融資産への投資です。コーポレートファイナンスでは，金融市場を完全競争的で情報が十分に行き渡っている市場とみなします。そのため，金融市場では，儲かる投資機会があれば，瞬時に売買が行われ，その機会が消滅することになります。株価情報の画面だけを見ていて，楽に儲けることはできません。金融資産への投資は，企業

価値を高めることも毀損することもありません。金融投資のNPVはゼロになります。

　価値を生み出すのは事業投資です。知恵を絞り，汗を流し，経営資源を有望な分野に投資することで，企業は価値を高めます。プラスのNPVをもつ投資機会は，事業投資にあります。

　事業投資である以上，M&Aは，企業価値の向上に貢献することが求められます。企業価値の向上に貢献するM&Aとは，NPVがプラスになるものです。投資評価におけるNPVは，将来のFCFの現在価値と現在の投資額の差額でした。買手企業にとって，M&AにおけるNPVとは，M&Aによって得られる将来FCFの現在価値と買収価格の差額です。

　買手企業の買収価格は，売手企業の売却価格です。M&Aにおける売買価格は，主としてDCF法によって評価されます。したがって，売手企業もDCF法を用いて売却価格を算出することになります。このように考えると，M&Aの取引では，DCF法による2通りの価格が算出されることになります。買手企業の評価額（買手評価額）と売手企業の評価額（売手評価額）です。

(3) シナジー効果

　買手評価額が売手評価額より高いとき，M&Aが成立します。両者の差額はM&Aによるシナジー効果とよばれます。DCF法のフレームワークでは，買手が売手の経営資源を用いて，売手が単独で事業を行うより，多くのFCFを稼ぐことができるか，リスクを低くできるとき，シナジー効果があるといえます。

通常,生産性上昇やコスト削減,売上増によるFCFの増加をシナジー効果とみなします。図表1.15は,王子製紙が北越製紙に経営統合を提案したときの資料です。シナジー効果として,複数の項目があげられています。

ここでは,M&AがFCFの増加をもたらすとしましょう。図表1.16は,シナジー効果の数値例です。売手企業が単独で事業を継続すると,毎期10のFCFが永続的に期待できます。資本コストが10%のとき,事業の評価額は100です。単独で現状の事業を維持することを,スタンドアローンといいます。売手企業の評価額は,スタンドアローンで評価した100になります。

図表1.15　M&Aのシナジー効果

本経営統合により,統合後3年目で年間75億円程度(税引前)のシナジーが実現可能と考えます。

	期待されるシナジー	
1	工場集約化による生産性向上	王子製紙の小型老朽設備をスクラップし,大型新鋭設備のある北越製紙新潟工場への集中投資を進め,生産性を向上
2	生産・販売体制の最適化による交錯輸送の削減	北越製紙の新潟工場を活かし,首都圏への最適な物流網を構築
3	原燃料コストの削減	共通資材の購買力強化
4	両社経営資源の活用	王子製紙の研究開発力の活用,両社の技術交流を推進し,コスト削減・品質改良の取組み強化
5	事業ポートフォリオの最適化	品種構成の充実を図り,市況に左右されにくい事業ポートフォリオの構築,収益基盤を強化

(出所)　王子製紙のホームページ

買手企業がM&Aをすることで、管理部門の効率化や大量仕入れによる原価率の低下が見込めます。スタンドアローンに比べて、FCFは増加するでしょう。図表1.16では、M&A後の期待FCFが11になると計画しています。資本コストが10%のとき、M&A後の評価額は110になります。スタンドアローンの評価額との差額10が、シナジー効果の価値です。これは、毎期のFCFの増加分を、10%の資本コストで評価した値に一致します。

このケースでは、売手の評価額はスタンドアローンの100、買手の評価額はシナジーを含む110です。両者が交渉を行い、105でM&Aが成立したとしましょう。売手は、自社で事業を継続するより高い価格で売却できます。買手は、シナジー効果を含む評価額より低い価格で買収できます。図表の下側の②をみてください。買手にとって、このM&AのNPVはプラスになり、企業価値

図表1.16 シナジー効果の評価

		FCF（年間）	バリュエーション
スタンドアローンの評価額	現状のFCF	10	100
買手企業の評価額	M&A後のFCF	11	110

①定額モデルによる買手と売手の評価額とシナジー効果の価値（資本コスト10%）
・PV（現状：10%）＝ 10 ÷ 0.1 ＝ 100
・PV（M&A：10%）＝ 11 ÷ 0.1 ＝ 110
・シナジー効果の評価額＝ PV（M&A）－ PV（現状）＝ 10
② M&Aが105で成立した場合
・買手のNPV ＝ PV（M&A）－ 105 ＝ 110 － 105 ＝ 5>0

第1章　企業価値評価の考え方

の向上に貢献します。もちろん，売手企業の投資家も満足します。

(4) M&A バリュエーションの重要性

　実際のM&Aでは，買手の候補が多いケースが少なくありません。複数の買手候補が競い合うと，買収価格が上がっていきます。その結果，買収価格が115になったとしましょう。売手企業とその投資家は大喜びです。一方，シナジー効果を含む評価額より高い価格で買収した買手企業は，NPVがマイナスの投資を行ったことになります。この場合，買手企業の企業価値は，マイナスのNPV（▲5）だけ毀損されます。買手企業の投資家は，がっかりします。

　学術的な研究によると，M&Aが発表された後，売手企業の株価は上がり，買手企業の株価は下落する傾向があります。これは，買手が割高な価格で買収を行い，M&AのNPVがマイナスになっていることを意味します。このことを問題視した金融庁は，M&Aについて重点審査を始めたようです。下記は，日本経済新聞からの抜粋です。

　　金融庁は企業のM&A（合併・買収）が増えていることを受け，買収額やのれん代が適正に計上されているか重点審査を始める。約4,000社を対象に，企業買収で株式の取得価格が不必要に高額になっていないかなど，有価証券報告書を審査する。6月末から質問票を送る企業の選定などを始める。対象企業に質問票を送り，より詳しい調査が必要と判断した場合には追加

で聞き取りを実施する。(日本経済新聞2014年6月17日付朝刊5面から抜粋)

　企業価値の向上を目的とするM&Aによって,企業価値を毀損しないためにも,企業価値評価を正しく学び,きちんと使うことが大切です。

第2章

企業価値評価のキーワード

- 企業価値評価のキーワードは，フリー・キャッシュフロー（FCF）と資本コストです。この2つは，コーポレートファイナンスでもキーワードになります。
- フリー・キャッシュフローは，事業活動からフリーなキャッシュで，投資家に配分できます。FCFは，営業利益（税引後）に減価償却費を加え，事業に必要な設備投資と運転資本投資を引いて算出します。FCFの定義と計算方法は，グローバルスタンダードです。
- 企業の資本コストは，投資家の期待収益率であり，企業価値評価の割引率になります。資本コストの算出には，客観的な資本市場データを用います。
- 負債コストと株式資本コストを負債比率と株式比率でウェイトづけて，加重平均資本コスト（WACC）を求めます。WACCの定義と計算方法も，グローバルスタンダードです。

1　フリー・キャッシュフロー

(1)　フリー・キャッシュフローの4項目

　企業価値は，企業が生み出すフリー・キャッシュフロー（FCF）の安定性を評価したものです。企業価値評価の代表的な手法であるDCF法では，FCFが分子，FCFの安定性を示す資本コストが分母にきます。FCFと資本コストは，企業価値評価において重要です。この2つは，コーポレートファイナンスのキーワードでもあります。より基本的な解説は，日経文庫『コーポレート・ファイナンス入門』をご覧ください。

　FCFは，事業活動からフリーで，投資家に配分できるキャッシュの流列です。そのベースは利益です。現代の企業価値評価では，企業の本業が生み出す営業利益（Operating Profit）をベースにします。営業利益を生み出す事業活動には，事業資産が必要です。事業資産は，流動性をもつ運転資本と，長期的に使用する固定資産に分類されます。固定資産は，設備投資が蓄積したものです。時間とともに減耗していくため，減価償却費を計上します。

　事業活動からフリーなFCFは，税引後営業利益と来期以降の事業に必要な資産の調整項目からなります。事業資産の調整項目は，設備投資，減価償却費，そして正味運転資本です。その他の項目もありますが，FCFを構成する主要な項目は，税引後営業利益，設備投資，減価償却費，正味運転資本の4つです。最初の3項目はフローになっています。正味運転資本はストックですので，

フローに修正するため、正味運転資本増加額を用います。各項目に符号をつけ、FCFを次のように定義します。

$$\text{FCF} = 税引後営業利益 + 減価償却費 - 設備投資 - 正味運転資本増加額 \tag{2.1}$$

企業価値評価は、グローバルスタンダードです。図表2.1には、FCFの各項目の英語表記と略称を紹介してお

図表2.1 FCFの主要項目と英語表記

```
FCF＝税引後営業利益（Net Operating Profit After Tax：NOPAT）
    ＋減価償却費（Depreciation）
    －設備投資（Capital Expenditure：CAPEX）
    －正味運転資本増加額
      （Increase in Net Working Capital：Δ NWC）
```

図表2.2 FCFの定義：アメリカMBAの講義資料

FCF approach

Asset value

$$\text{PV of assets} = \frac{\text{FCF}_1}{1+r} + \frac{\text{FCF}_2}{(1+r)^2} + \frac{\text{FCF}_3}{(1+r)^3} + \cdots + \frac{\text{FCF}_H}{(1+r)^H} + \frac{\text{Term. value}}{(1+r)^H}$$

Free cashflow
- Cash generated by the assets after all reinvestment
- $\text{FCF} = \text{EBIT}(1-t) + \text{depreciation} - \Delta \text{NWC} - \text{CAPX}$
- $\text{FCF} = \text{EBIT}(1-t) - \Delta \text{ Net assets}$
- $\text{FCF} = \text{Operating cashflow (before interest)} - \text{CAPX}$

(注) EBIT（Earnings Before Interest and Taxes）は、利払前税引前利益で、金融収益を考慮しなければ、営業利益になる。tは法人税率であるから、EBIT (1 − t) は税引後営業利益とみなせる。

(出所) MIT Sloan School of Managementのファイナンシャル・マネジメント講義資料（公開）より抜粋

きました。その他の項目が付け加わることもありますが,基本はこの4項目です。以下では,図表2.1の略称を使うこともあります。

図表2.2は,アメリカ MBA の講義資料からの抜粋です。FCFの計算式や定義が掲載されています。FCFは,事業に必要な再投資（Reinvestment）の後に残るキャッシュであると定義されています。事業活動からフリーなキャッシュという意味です。枠で囲んだところが,FCFの主要な4項目です。

図表の Asset Value のパートは,DCF法による企業価値評価の基本公式になっています。とくに,最後の項にある Term. Value（Terminal Value）は,企業価値評価における重要な概念です。第3章で詳しく説明します。

FCFについては,日本証券アナリスト協会の通信テキストや公認会計士協会の企業価値評価ガイドラインなどでも,同じ定義と説明がされています。日米以外の国でも,FCFの定義,計算項目,考え方は同じです。繰り返しますが,FCFはグローバルスタンダードです。同様に,DCF法による企業価値評価の基本公式もグローバルスタンダードです。本書で学ぶことは,グローバルに通用します。

(2) フリー・キャッシュフローと事業資産

FCFは,税引後営業利益と事業資産の調整項目からなります。詳しく説明しましょう。図表2.3は,FCFと事業資産の関係を図示したものです。貸借対照表は,資産と負債・資本の関係を表しています。

事業をスムーズにワークさせるための運転資本は,流

図表2.3 フリー・キャッシュフローと事業資産

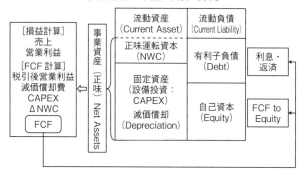

動資産と流動負債に分類されます。主なものは，流動資産のたな卸資産と売上債権，流動負債の仕入債務です。正味運転資本は，たな卸資産と売上債権の合計から仕入債務を引いた金額になります。図表2.3では，便宜的に，流動資産と流動負債の差額を正味運転資本としてあります。

事業活動の軸は，長期間使用する固定資産です。トヨタ自動車は，自動車を製造するために必要な工場・設備・備品などの固定資産を保有しています。新日鉄住金は，鉄鋼を生産するために必要な固定資産を有しています。事業活動の軸である固定資産と，事業をスムーズにワークさせる正味運転資本の合計が，事業資産になります。

事業資産を購入して保有するためには，資金が必要です。企業には，負債と株式という資金調達の方法があります。図表2.3では，負債調達した資金を有利子負債，株式調達した資金をエクイティ（自己資本）としていま

す。事業資産の背後には,有利子負債とエクイティがあります。

　企業は,事業資産を用いて,売上をあげ,利益を出します。損益計算した税引後営業利益に,事業資産の増減に伴うキャッシュを調整すると,FCFが求まります。今後の事業に必要な資産の増加は,キャッシュアウトです。事業資産の減少は,キャッシュインになります。

　固定資産を考えましょう。企業は,生産計画に応じて固定資産を調整します。来期以降に増産を見込むと,CAPEXをして,固定資産を増やします。CAPEXは,キャッシュアウトです。現在の会計ルールでは,CAPEXは,その時点で費用計上されません。設備が減耗する期間にわたり,平準化して費用計上されます。この費用が減価償却費です。実際のキャッシュアウトと費用計上の時期が異なるため,利益とキャッシュフローに差がでます。

　FCF計算では,この差を調整します。キャッシュアウトしたのに費用計上されないCAPEXは,利益から減じます。キャッシュアウトしていないのに費用計上される減価償却費は,戻し入れます。このようにして,手許に残るフリーなキャッシュを確認していきます。後に説明しますが,正味運転資本(NWC)についても同様です。

　細かな説明をしだすとキリがありませんので,本質にかえりましょう。FCFは,事業活動からフリーなキャッシュフローです。来期以降の事業活動に必要な投資は,CAPEXとNWCの増加(ΔNWC)です。営業利益から投資額を減じ,減価償却費を戻し入れたFCFは,まさしく事業活動からフリーなキャッシュフローになっ

ています。

　企業は，フリーなキャッシュを債権者と株主に還元できます。FCF のうち，株主に還元できる金額を株主へのフリー・キャッシュフロー（FCF to Equity）ということがあります。玄人好みの企業価値評価の専門書は，FCF を次のように説明しています。

> Free Cash Flow is the cash available for distribution to investors after all planned capital investments and taxes. FCF generated by an enterprise can be broken down into two components: the after-tax cash flows corresponding to equity-holders, and the after-tax cash flows available to pay debt holders.
> （Arzac, "Valuation for Mergers, Buyouts, and Restructuring" より抜粋）

(3) フリー・キャッシュフローと事業資産（続）

　数値例を用いて，フリー・キャッシュフローと事業資産の関係について，理解を深めましょう。図表2.4 をみてください。期首と期末の事業資産と資本が記されています。便宜上，流動資産と相殺される流動負債は考慮せず，有利子負債もないものとします。

　企業は，事業資産を用いてビジネスを行います。その成果が，税引後利益となって表れます。来期以降の体制を整えるため，企業は事業資産を調整します。ここでは，増収増益を計画しており，事業資産への積極的な投資を行うとします。内訳は，図表の左下にある NWC 増加額と CAPEX です。

図表 2.4 フリー・キャッシュフローと事業資産の数値例

[期首]

NWC 50	
固定資産 250	自己資本 300

[期末]

NWC 60	
固定資産 260 (250+60−50)	自己資本 320

[FCF 計算]
- 税引後営業利益（NOPAT）=30
- 減価償却費=50
- 設備投資（CAPEX）=60
- 正味運転資本増加額（ΔNWC）=10
- FCF=30+50−60−10=10

[資本・資産]
- 税引後利益=30
- 配当=FCF=10（FCFを全額配当すると仮定）
- 期末資本=300+30−10=320（期末資本=期首資本+税引後利益−配当：クリーン・サープラス）
- 期末固定資産=期首固定資産+CAPEX−減価償却費

　積極的な投資の結果，期末のNWCは，期首に比べて増加します。数値例では10増えています。固定資産は，CAPEXの分だけ増え，減価償却費の分だけ減少します。固定資産の正味の増加分は，CAPEXと減価償却費の差額です。数値例では10（60 − 50）になります。固定資産とNWC増加額を合わせると，事業資産は20増えることが分かります。企業は，来期以降の事業活動に備えて，正味で20の投資（純投資）を行ったといえます。期末の事業資産は，期首より20増えて，320になります。

　投資に必要な資金は，内部か外部から調達します。図

表2.4の数値例では,投資額は税引後利益より少額です。この場合,企業は利益の一部を内部留保することで,純投資に対応します。内部資金調達です。投資額が利益を上回れば,外部資金調達が必要になります。

企業価値評価やコーポレートファイナンスでは,利益留保による投資を再投資ということがあります。再投資は,サステイナブル成長モデルでにおける成長の源泉でした(第1章4節を参照)。FCFの4ファクターを用いると,再投資(純投資)を次のように表すことができます。第2式は,FCFの定義 (2.1) 式から導くことができます。

$$\begin{aligned}再投資(純投資)&=\text{NWC増加額}+\text{CAPEX}-\text{減価償却費}\\&=\text{税引後営業利益}-\text{FCF}\end{aligned} \quad (2.2)$$

事業活動からフリーなFCFは,投資家に配分できます。図表2.4の例では,有利子負債がないので,FCFは株主に配当できる金額になります。いま,税引後営業利益が税引後利益に一致するとします。営業外損益と特別損益がなければ,この仮定が成り立ちます。このとき,内部留保(再投資)は,税引後利益から配当を引いた値に等しくなります。そして,下記のクリーン・サープラス関係が成り立ちます。

$$\begin{aligned}期末資本&=期首資本+税引後利益-配当\\&=期首資本+内部留保\end{aligned} \quad (2.3)$$

図表2.4の数値例では,税引後利益は30,配当(FCF)は10です。したがって,期末資本は320になります。期末の事業資産と期末資本は,一致します。資産と資本

の増分に注目すると，このことは，次のように説明できます。

資産の増加（再投資）は，税引後営業利益と事業活動からフリーな FCF の差額になります（(2.2) 式を参照）。資本の増加は，税引後利益から，投資家に配分できる FCF を引いた値です（(2.3) 式を参照）。両者は一致します。

ポイントは，フリーなキャッシュフローにあります。フリー・キャッシュフローの意味を正しく把握することで，資産と資本のバランスが理解できます。

2 固定資産と運転資本

(1) 設備投資と減価償却費

FCF は，営業利益に事業資産の増減にかかるキャッシュを調整して求めます（(2.1) 式を参照）。ここでは，CAPEX と減価償却費について，簡単に復習しておきましょう。どちらも，企業価値評価におけるキーワードです。

企業が設備等の固定資産を購入し，支払いをすませたとします。購入価格は 100 です。企業価値評価の FCF 計算では，この時点で CAPEX を 100 計上します。一方，会計上の損益計算では，この時点で費用処理を行いません。設備が使用できる耐用期間にわたり，徐々に費用処理をしていきます。

購入価格が 100 の設備が 8 年間使用できるならば，毎年 12.5 ずつ費用処理をします。これが減価償却費です。設備を使用して価値が減耗する分だけ，費用が発生した

とみなすのです。ただし，減価償却費はキャッシュアウトを伴いません。そのため，FCF 計算では，減価償却費を戻し入れる必要があります。

(2) 運転資本

企業価値評価における FCF の計算では，運転資本（Working Capital）も重要です。運転資本は，たな卸資産（原材料，仕掛品，半製品など）と売上債権，仕入債務に大別できます。

企業がたな卸資産を保有するのは，顧客ニーズにスムーズな対応をするためです。注文を受けてから原材料を仕入れて製造を始めたのでは，顧客を待たせることになります。この間に，顧客は離れていくかもしれません。顧客ニーズに迅速な対応をするためには，適度なたな卸資産保有が必要です。会計のルールでは，完成品になって売れるまで，たな卸資産は費用処理されません。実際には，費用計上の時点より前に，仕入先に代金を支払います。売上と仕入に時間差があるため，支払い（キャッシュアウト）と費用計上の間にも差がでます。実際のキャッシュフローを重視する FCF 計算では，たな卸資産の購入や増加によるキャッシュアウトを調整する必要があります。

売上債権や仕入債務は，企業間取引において，事業をスムーズにワークさせる役割を果たしています。例えば，1 回の取引で数億円規模の原材料を売る企業と買う企業を考えましょう。この取引は，月に数回行われるとします。原材料を売買し，その場で現金決済すれば，売上債権も仕入債務も必要ありません。しかし，数億円もの現

金決済をするためには、現金を持ち歩く必要があります。かさばりますし、危険が伴います。銀行振込にしても、月に数回も行うのは、手間がかかります。取引が頻繁にある場合、その都度、決済を行うのは、賢明な方法ではありません。

　企業は、決済をまとめて行うことで、この問題を解決しています。例えば、毎月末にまとめて決済することで、手間と時間が省けます。ただし、売手は、売上計上と現金回収の時点が異なります。回収していない売上が売上債権です。買手は、仕入と支払決済の時点が異なります。未払いの仕入が仕入債務です。

　FCF計算では、未回収の売上である売上債権は、キャッシュインがないために減じます。逆に、キャッシュアウトしていない仕入債務は、戻し入れます。

(3) 正味運転資本

　運転資本のうち、売上債権とたな卸資産は流動資産に分類されます。仕入債務は流動負債です。いずれも短期間で流動化しやすいという特徴があります。そのため、FCF計算では、資産から債務を相殺した正味運転資本（NWC）を用います。本書では、とくにことわらない限り、下記をNWCとします。

$$\text{NWC} = \text{たな卸資産} + \text{売上債権} - \text{仕入債務} \tag{2.4}$$

　NWCは資産や負債です。資産や負債はストックになります。一方、キャッシュフローはフローです。正味運転資本のフローは、期首から期末にかけてのNWCの増

加で把握できます。FCF の 4 項目のうち，NWC だけ NWC 増加となっているのは，NWC をフローにするためです。NWC 増加額は，企業価値評価におけるキーワードの一つです。

(4) キャッシュコンバージョン・サイクル

運転資本に関する財務指標として，売上債権回転期間，たな卸資産回転期間，仕入債務回転期間があります。図表 2.5 には，各指標の説明があります。それぞれ，売上高や売上原価の何日分保有しているかを表示しています。何日分という指標によって，売上規模の相違を調整し，企業間や事業間での比較がしやすくなります。

売上債権回転期間とたな卸資産回転期間の合計から仕入債務回転期間を引いた値を，キャッシュコンバージョン・サイクル（Cash Conversion Cycle：CCC）といいます。CCC は，その名の通り，キャッシュがキャッシュになって返ってくる期間です。

図表 2.6 は，CCC を図示したものです。企業は原材料を仕入れます。代金は 20 日後に支払います。仕入債務

図表 2.5　運転資本の指標

指標	定義と意味
①売上債権回転期間	売上債権÷1 日当たり売上高
②たな卸資産回転期間	たな卸資産÷1 日当たり売上高 （たな卸資産÷1 日当たり売上原価）
③仕入債務回転期間	仕入債務÷1 日当たり売上高 （仕入債務÷1 日当たり売上原価）
キャッシュコンバージョン・サイクル(CCC) ①+②-③	現金化のサイクル

回転期間は，20日になります。原材料は，仕掛品，半製品，製品というプロセスをへて最終製品となり，販売されます。仕入から販売までの期間が，たな卸資産回転期間です。図表では40日になっています。販売時点で売上は計上されますが，回収は30日後です。回収までの30日間が売上債権回転期間になります。

仕入代金を支払ってから，売上を回収するまでの期間がCCCです。図表2.6では，キャッシュアウトから50日後にキャッシュインがおこります。CCCは50日です。仕入から売上を回収するまでの期間は，70日です。この期間を事業サイクルということがあります。

日経ヴェリタス（2009年6月14日付）によると，アメリカ企業の間では，CCCが経営指標として普及しているようです。図表1.7と図表2.3から分かるように，NWCは事業資産や投下資本の一部です。CCCの短縮化

図表2.6 キャッシュコンバージョン・サイクル（CCC）

| 仕入
(原材料購入) | 仕入債務の
支払い | 売上（販売） | 売上債権の
回収 |

たな卸資産回転期間（40日）／売上債権回転期間（30日）

仕入債務回転期間（20日）→ キャッシュアウト

キャッシュイン

CCC（50日）

事業サイクル（70日）

やNWCのスリム化は，投下資本の減少につながります。投下資本には資本コストがかかります。NWCにも資本コストがかかります。CCCを短縮してNWCを減らすことができれば，資本コストは低下します。欧米のビジネススクールでは，「Investments in NWC are costly（NWCへの投資はコストがかかる）」と教えています。

日本でも，CCCを経営指標として導入する企業が出始めています。例えば，東芝です。同社は，リーマンショック時に資金調達が困難であったという経験をいかし，キャッシュフローの改善に努めました。事業の集大成はキャッシュであることを確認し，CCCの改善を全社のイノベーション活動の一つにしたそうです。東芝に限らず，CCCの短縮化ができた企業は，中長期的な業績が向上するという指摘もあります。

3　資本コスト

(1)　3つの資本コスト

企業価値評価では，将来のフリー・キャッシュフローを資本コストで割り引きます。資本コスト（Cost of Capital）は，FCFとならぶ重要なキーワードになります。

資本コストは，投資家の期待リターンでもあります。投資家の期待リターンは，リスクに応じて決まります。初心者の方は，本書の第1章や『コーポレート・ファイナンス入門』の第Ⅱ章で復習してください。

企業価値評価における資本コストは，FCFのリスクに対応します。FCFを生み出すのは事業（事業資産）です。ビジネスといってもよいでしょう。そのため，

FCFのリスクをビジネスリスクや事業リスクといいます。FCFを割り引く資本コストは、ビジネスリスクに対応します。

現代の企業価値評価では、ビジネスリスクに対応する資本コストを直接求めることはしません。ビジネスが取引されることは少ないため、客観的なデータが不足しているからです。代わりに、ビジネスリスクを負担している債権者と株主の視点から資本コストを算出します。

債権者が負担するリスクに対するリターンは、借入金利や社債利回りです。企業にとっては、負債コスト（Cost of Debt）になります。株主が負担するリスクに対するリターンは、現代ファイナンス理論が誇るCAPMというモデルから求めます。これが、株式の資本コスト（Cost of Equity）になります。

社債や株式は、日常的に資本市場で取引されています。資本市場の取引には、不特定多数の投資家の意見が反映されるため、市場データは客観性をもつといえます。また、誰でもアクセスすることができます。負債コストや株式コストは、このような資本市場のデータから算出します。負債コストは、借入金利から求めることもあります。銀行や生命保険会社からの借入金利は、有価証券報告書など公開資料に掲載されています。客観的でアクセス可能なデータから求めることで、透明性と検証可能性が担保されます。

負債コストと株式の資本コストが分かると、負債比率と株式比率をウェイトにして、加重平均値を計算します。これが、加重平均資本コスト（Weighted Average Cost of Capital）、通称ワック（WACC）とよばれるものです。

第2章 企業価値評価のキーワード

図表2.7　3つの資本コスト

```
┌─────────────────┬─────────────────┐
│                 │   有利子負債    │
│      NWC        │   負債コスト    │
│  ┌──────────┐   │ (Cost of Debt)  │
│  │ 事業資産 │   ├──────────────┐  │
│  │(ビジネス)│   │加重平均資本コスト│
│  │ビジネスリスク│ │    (WACC)    │  │
│  └──────────┘   ├──────────────┘  │
│                 │    エクイティ   │
│   固定資産      │   株式の資本コスト│
│                 │ (Cost of Equity)│
└─────────────────┴─────────────────┘
```

(大小関係) リスクフリー・レート≦負債コスト≦WACC≦株式コスト

　企業価値評価では，FCFをWACCで割り引きます。
　図表2.7は，事業資産と資本コストの関係をまとめたものです。図表には，3つの資本コストが示されています。負債コスト，株式の資本コスト，そしてWACCです。図表の下には，3つの資本コストとリスクフリー・レートの大小関係が示されています。リスク回避的な投資家は，ハイリスク・ハイリターンを求めます。株価や配当が変動する株式は，元本と利息の支払いが約束されている社債やローンより，ハイリスクな投資対象です。そのため，株式の資本コストは負債コストより高くなります。負債コストと株式資本コストの加重平均値であるWACCは，負債コストより大きく，株式コストより小さい値になります。

(2) リスクフリー・レート
　資本コスト（期待収益率）がリスクフリー・レートを

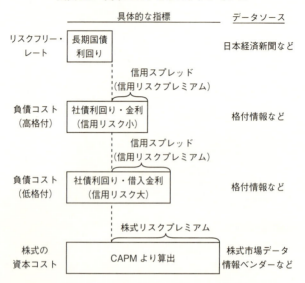

図表 2.8　資本コストとリスクプレミアム

上回る部分は，リスクプレミアムになります。図表2.8は，リスクフリー・レートを基準にして，資本コストのリスクプレミアムを示したものです。資本コストの大小関係は，リスクプレミアムの大小関係を反映しています。負債については，格付が高いケースと格付が低いケースの2つをとりあげました。格付については，すぐ後で説明します。

　企業価値評価では，ビジネスが生み出すすべてのFCFを評価対象にします。企業はゴーイングコンサーンです。企業価値評価の時間軸は，長期になります。そのため，リスクフリー・レートには，長期の国債利回りを用います。

日本では，長期国債として，満期までの期間が10年である国債が取引されており，データを取得することができます。発行額や取引量が多いということで指標銘柄にもなっています。入門書である本書では，長期国債として10年国債を想定することにします。実務においても，10年国債利回りを用いることが多いようです。

図表2.8の右側には，主なデータソースを記しました。リスクフリー・レートについていうと，最新の長期国債利回りが，日本経済新聞などに掲載されています。

(3) 負債コスト

企業の負債コストは，リスクフリー・レートより高くなります。リスクのあるビジネスを行う以上，元本と利息の返済が確実ではない信用リスクがあるからです。負債の資本コストとリスクフリー・レートの差は，信用リスクに起因するスプレッドです。信用スプレッドや信用リスクプレミアムといいます。図表2.8を参照してください。

企業の信用リスクを定量化したものが，格付（Rating）です。複数の格付機関が格付を行い，情報提供をしています。最上級の格付は，AAA（トリプルA）です。信用リスクがほとんどない企業に適用されます。その後，AAからA，BBB，…と格付が低下していきます。格付が高い企業は，信用リスクが小さく，負債コストも低くなります。格付が低い企業は，信用リスクが大きいため，負債コストが高くなります。図表2.8の2つの負債コストには，この関係が示されています。

リスクフリー・レートが長期国債の利回りであるため，

図表 2.9 格付と負債コスト

格付	負債コスト (長期社債利回り)	信用スプレッド
リスクフリー・レート (長期国債 333)	0.64%	ゼロ
AAA	0.75%	0.11%
AA	1.08%	0.44%
A	1.13%	0.49%
BBB	1.61%	0.97%

(注) 2014 年 3 月末の日本証券業協会「公社債店頭売買参考統計値」「格付マトリクス」より作成。

負債コストも長期の社債やローンの利回りになります。日本では、日本証券業協会が、格付ごとに長期社債の利回りを算出したデータを提供しています。図表 2.9 は、日本証券業協会のデータを用いて算出した負債コストの例です。格付を取得していない企業の場合、財務指標を用いたり、経営陣にヒアリングしたりすることで、格付を推定し、負債コストを算出します。

(4) 株式資本コストと CAPM

資本コストの中で、最も高い値になるのが株式の資本コストです。株式資本コストの算出には、現代ファイナンス理論が誇る資本資産評価モデル (Capital Asset Pricing Model) を適用します。頭文字をとって、CAPM (キャップエム) とよばれます。

現代ファイナンス理論は、多数の投資家の意見が集約される資本市場を舞台にして、リスク・リターンの関係を研究してきました。CAPM は、その代表的な成果で

す。CAPM を提示したシャープ（W. Sharpe）は，その功績により 1990 年にノーベル経済学賞を受賞しました。

リスク回避的な投資家は，分散投資によってリスクを減少させます。分散投資の行き着く先は，取引可能なすべての株式からなるポートフォリオ（株式の組合せ）です。このポートフォリオをマーケットポートフォリオとよびます。以下では，マーケットと略します。マーケットの期待収益率がリスクフリー・レートを上回る分が，マーケット・リスクプレミアムです。ハイリスク・ハイリターンの原則から，マーケット・リスクプレミアムはプラスになります。過去数十年間のデータを調べたところ，平均的なマーケット・リスクプレミアムは正の値になることが確認されています。

CAPM は，マーケットを基準にして，個別株式のリスク・リターン関係を決定します。マーケットが 1%動いたとき，個別株式は β（ベータ）%動くとしましょう。マーケットのリスクを基準にすると，個別株式のリスクは β といえます。専門的にいうと，マーケットとの連動性の大きさや感応度が β です。ベータは，企業によって異なります。ベータが 1 より大きい企業の株式は，マーケットよりハイリスク・ハイリターンです。ベータが 1 より小さい企業の株式は，ローリスク・ローリターンといえます。基準であるマーケットのベータは 1 になります。

リスクとリターンは表裏一体です。リスク指標である β は，リスクプレミアムやリターンの指標でもあります。個別株式のリスクプレミアムが，マーケット・リスクプレミアムに β をかけた値になると考えるのは，ごく自然です。

CAPMによる株式資本コストは、次のようになります。

株式リスクプレミアム
= β ×マーケット・リスクプレミアム

株式資本コスト
= リスクフリー・レート+株式リスクプレミアム
= リスクフリー・レート+ β ×マーケット・リスクプレミアム
(2.5)

(5) 株式資本コストの算出

CAPMによる株式資本コスト (2.5) 式を求めるためには、リスクフリー・レート、β、マーケット・リスクプレミアムが必要です。リスクフリー・レートは、長期国債の利回りです。日本経済新聞などに掲載されています。個別株式のβは、Bloomberg社などの情報ベンダーが提供しています。マーケット・リスクプレミアムは、過去のデータ（ヒストリカル・データ）を用いて算出します。例えば、(株)エフエーエスでは、過去50年以上のデータを用いて、日本のマーケット・リスクプレミアムを算出しています。サンプル期間や統計処理の方法によって若干の違いはありますが、日本のマーケット・リスクプレミアムは、4.0%～6.0%の範囲にあるようです。興味ある方は、問い合わせてください（info@fa-service.jp）。

図表2.10は、CAPMを用いた株式資本コストの算出例です。上のパートは、日本経済新聞に掲載された事例からの抜粋です。花王の株式資本コストが計算されています。リスクフリー・レートは当時の長期国債利回り、

第 2 章　企業価値評価のキーワード

図表 2.10　CAPM による株式資本コストの事例

株式資本コスト（CAPM）
＝長期国債の金利＋β値×マーケット・リスクプレミアム

花王の株式資本コスト＝ 1.5% ＋ 0.75 × 4.5% ＝ 4.9%

(注)　2005 年 12 月時点，マーケット・リスクプレミアムは当時の野村証券が使っていた値

Expected returns（株式資本コスト）
　Gillette：E[R_{GS}] ＝ 0.01 ＋ (0.81 × 0.06) ＝ 5.86%
　Microsoft：E[R_{MSFT}] ＝ 0.01 ＋ (1.49 × 0.06) ＝ 9.94%

(出所)　上表は日本経済新聞 2006 年 2 月 16 日付朝刊「投資を考える」から抜粋
　　　　下表は MIT Sloan School of Management の講義資料より抜粋

マーケット・リスクプレミアムは野村証券が使用していた数値ということです。花王の株式ベータ 0.75 は，基準であるマーケットのベータ 1.0 より小さくなっています。同社は，日用品を事業ドメインにしているため，業績が安定しており，相対的にリスクが小さいのでしょう。CAPM にしたがって計算した結果，当時の花王の株式資本コストは 4.9% でした。

図表 2.10 の下のパートは，MIT の講義資料の一部です。ジレット（Gillette）とマイクロソフト（Microsoft）の株式資本コストを紹介しています。リスクフリー・レートは 1%，マーケット・リスクプレミアムは 6% という値を用いています。リスクフリー・レートとマーケット・リスクプレミアムは共通です。異なるのはベータのみです。

ジレットのベータは，マイクロソフトのベータより小さくなっています。カミソリや替刃の製造販売で有名なジレットは，日用品が事業ドメインです。相対的にロー

リスクといえるでしょう。一方、マイクロソフトの主戦場は、競争が激しいITや通信業界です。相対的にハイリスクといえるでしょう。両社のベータの大小関係は、リスクの相違を反映しています。

CAPMは、ノーベル経済学賞の受賞者が導出した理論モデルです。(2.5)式から分かるように、モデルはシンプルで理解しやすいといえます。また、客観的でアクセス可能なデータを用いて計算できます。これらの理由で、現代の企業価値評価では、CAPMを用いた株式資本コストの算出がスタンダードになっています。

(6) WACC

企業価値評価では、負債の資本コスト（負債コスト）と株式の資本コストを加重平均してWACCを計算します。WACCはFCFの割引率です。加重平均に用いるウェイトは、負債比率と株式比率です。WACC算出の手順を説明しましょう。

まず、有利子負債と株式の時価総額を算出します。負債は株式よりローリスクであるため、価格変動は小さく、時価と簿価の差がほとんどありません。そのため、有利子負債は、時価を簿価で代用することがほとんどです。株式は、時価と簿価の差が大きいため、時価総額を用います。株式時価総額は、株価と発行済株式数をかけた値です。WACCの計算における負債比率と株式比率は、下記になります。

負債比率＝有利子負債÷(有利子負債＋株式時価総額)
株式比率＝株式時価総額÷(有利子負債＋株式時価総額)

容易に確認できるように，負債比率と株式比率を合わせると1になります。WACCは次のように計算します。

$$\text{WACC} = (\text{負債比率}) \times (\text{負債コスト})$$
$$+ (\text{株式比率}) \times (\text{株式の資本コスト}) \quad (2.6)$$

上の計算式は，法人税を考慮しない場合のWACCです。法人税を考慮すると，有利子負債のコストである支払利息は，節税効果（Tax Shield）をもちます。有利子負債がある企業は，そうでない企業に比べ，税金が軽減され，投資家の取分が増えるのです。その結果，投資家にとっての企業価値は高まります。

標準的なDCF法では，負債の資本コストを低くすることで，節税効果を評価にとりいれます。具体的には，WACCにおける負債コストを法人税の分だけ低くします。このとき，WACCは下記になります。

$$\text{WACC} = (\text{負債比率}) \times (\text{負債コスト}) \times (1 - \text{法人税率})$$
$$+ (\text{株式比率}) \times (\text{株式の資本コスト}) \quad (2.7)$$

企業価値評価の実務では，WACCというと(2.7)式を指します。入門書である本書では，法人税等を考慮せず，企業価値評価のエッセンスを説明するパートがあります。法人税を考慮しない場合，WACCは(2.6)式を使ってください。

(7) WACCの算出

図表2.11の数値例を用いて，WACCについて理解を深めましょう。有利子負債は，貸借対照表にある長短借入金と長短社債の合計です。株式時価総額は，株価と発

行済株式数をかけた値です。有利子負債と株式時価総額の和が，FCF を生む事業資産に一致します。負債比率と株式比率は，それぞれ 1/4 と 3/4 になります。

企業の格付は A（シングル A）です。負債コストは，リスクフリー・レートに格付 A の信用スプレッドを加えた値になります。図表右上の数値と計算プロセスをみてください。負債コストは 1.6% です。株式資本コストの算出には，CAPM を適用します。図表右下の CAPM による株式資本コストの数値と計算プロセスをたどってください。使用している数値データは，誰でも入手可能

図表 2.11　WACC の計算例

事業資産 (ビジネス) V=E+D	有利子負債 D=1,000 格付 A の負債コスト Rd=1.6% （格付より算出）	・格付による負債コストの算出 　リスクフリー・レート=1.0% 　（長期国債利回り） 　格付 A の長期社債の信用スプ 　レッド=0.6% 　負債コスト Rd=1.0+0.6=1.6%
	株式時価総額 E=3,000 株式の資本コスト Re=7.0% （CAPM より算出）	・CAPM による株式資本コストの 　算出 　リスクフリー・レート=1.0% 　（長期国債利回り） 　株式ベータ=1.2 　（Bloomberg 社提供） 　マーケット・リスクプレミアム 　=5.0%（過去データより推定） 　株式資本コスト 　Re=1.0+1.2×5.0=7.0%

$$\text{WACC} = (D/V)Rd(1-t) + (E/V)Re$$
$$= (1/4)(1.6\%)(1-0.4) + (3/4)(7.0\%) = 5.49\%$$

（注）　t = 40% は実効税率

です。株式資本コストは7.0%になります。

実効税率が40%のときWACCは5.49%です。実効税を考慮しなければ，WACCは5.65%になります。各自で確認してください。

次の図表2.12は，およそ5年前の日本企業のWACCの実態調査の結果です。当時，日本企業の平均的なWACCは約6%でした。いまもそれほど変わっていないと思います。図表から分かるように，企業のWACCは，1%以上2%未満から10%以上まで，様々な値をとります。最も頻度が高いのは，5〜6%のレンジです。

理論的にいうと，WACCが低い企業は，ビジネスリスクが小さく，業績が安定しているといえます。一方，WACCが10%を超えるような企業は，ハイリスクなビジネスを行っていると考えられます。

図表2.12 日本企業のWACC

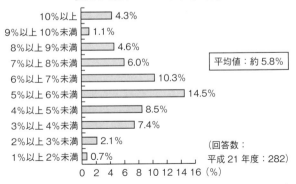

(出所) 平成21年度生命保険協会調査「株式価値向上に向けた取り組みについて」

4 レバレッジと資本コスト

(1) 無関連命題

ここでは，企業価値とレバレッジ（負債比率）の関係について説明します。少々厄介ですが，誤解されやすいテーマですので，あえてとりあげました。

現代のコーポレートファイナンスや企業価値評価の理論的な研究は，第1章で紹介したモジリアーニとミラーの命題から始まりました。2人の頭文字をとって，MMの無関連命題といわれます。MMは，50年以上も前に，DCF法を用いて，企業価値が資本構成と無関連であることを示しました。資本構成は，負債とエクイティの割合です。業界では，負債を利用することをレバレッジ（Leverage）をかけるといいます。

これまで説明してきたように，企業価値は，事業資産が生み出すFCFをWACCで割り引いて求めます。負債コストや株式資本コストを使うため誤解されやすいのですが，本来，WACCはFCFの割引率です。WACCは，事業資産のビジネスリスクに対応します。負債比率が高くても低くても関係ありません。資本構成が異なっても，事業資産とビジネスが同じであれば，WACCは同じ値になります。もちろん，FCFも等しくなります。分母と分子が同じであれば，割引現在価値も等しくなります。これが，無関連命題のエッセンスです。

図表2.13は，事業資産とビジネスが等しい2つの企業を示しています。2つの企業は，資本構成が異なります。有利子負債がない企業は，レバレッジがない企業で

図表2.13 資本構成と企業価値

[企業U]

| 事業資産（ビジネス） | エクイティ |

[企業L]

| 事業資産（ビジネス） | 有利子負債 |
| | エクイティ |

[FCFの計算]
・営業利益＝60（法人税は考慮しない）
・設備投資（CAPEX）＝減価償却費＝40
・NWC増加額はゼロ
・期待FCF＝60⇒レバレッジの影響を受けない

す。英語では Unlevered Firm というので、企業Uとします。有利子負債がある企業は、Levered Firm です。企業Lとしましょう。

FCFの4項目は、税引後営業利益、減価償却費、設備投資、運転資本増加額でした。無関連命題は、法人税やデフォルトコストがない完全市場を想定しています。そのため、税引後営業利益は、営業利益になります。営業利益、設備投資、減価償却費、運転資本、いずれの項目も有利子負債の有無とは関係ありません。事業資産とビジネスが等しい企業Uと企業Lの将来FCFは、完全に一致します。数値例では、両社のFCFの期待値は60になります。

(2) よくある間違い

レバレッジと資本コストの関係において、よくある誤

りを紹介しましょう。図表2.14は，企業Uと企業Lの資本構成とWACCの計算です。有利子負債がない企業Uは，株式の資本コストがWACCになります。数値例では6%です。株式資本コストの算出には，CAPMを用いています。毎年の期待FCFは60です（図表2.13を参照）。企業はゴーイングコンサーンです。期待FCFが永続的に一定であるとし，定額モデルを用いると，企業価値は1,000になります。定額モデルについては，図表1.5（b）を参照してください。

株式の資本コストは，負債コストより高くなります（図表2.7，図表2.8を参照）。コストの安い負債を利用する

図表2.14 レバレッジと資本コスト：よくある誤り

	企業U	企業L
D/Eレシオ	ゼロ	1.0
負債コスト	—	1.0%
株式ベータ	1.0	1.0
株式資本コスト	6.0%	6.0%
負債比率（D/（D＋E））	ゼロ	1/2
WACC	6.0%	3.5%
企業価値評価	1,000 （60÷0.06）	1,714 （60÷0.035）

- D/Eレシオ＝有利子負債÷株式時価総額
- リスクフリー・レート＝1%，マーケット・リスクプレミアム＝5%，法人税は考慮しない
- 企業Lの負債コストはリスクフリー・レートと仮定（簡単化のため）
- 企業LのWACC＝（1%）×（1/2）＋（6%）×（1/2）＝3.5%と計算
- 事業資産とビジネスが等しい2つの企業の期待FCFは60で等しい
- 企業価値は定額モデル（期待FCF÷WACC）で算出

と，WACC が低くなり，企業価値は高くなるかもしれません。企業 U の経営陣は，このように考え，有利子負債による資金調達を行いました。企業 U は企業 L に変わりました。負債調達額で自社株を償却し，有利子負債とエクイティの比率が 1 対 1 になったとします。

図表 2.14 では，企業 L の D/E レシオ 1.0 が，この状態を表しています。D/E レシオは，有利子負債とエクイティ（株式時価総額）の比率です。WACC の計算における負債比率とは，定義が異なることに注意しましょう。

図表 2.14 の企業 L の列を見てください。安い負債コストのおかげで，WACC が 3.5％に低下しました。事業資産とビジネスは不変ですので，毎年の期待 FCF は 60 です。定額モデルを用いると，企業 L の評価額は 1,714 になります。企業価値が 1.7 倍に増えました。有利子負債を利用した成果です。企業価値は，資本構成によって変わります。資本構成と無関連ではありません。

これがよくある誤りです。株式の資本コストが間違っています。有利子負債がある企業 L では，キャッシュフローの配分において，債権者が優先されます。株主は劣位になります。有利子負債がない企業 U の株主は，劣位になることがありません。優劣関係の相違が，企業 U と企業 L の株式のリスクに影響します。劣位になるということは，リスクが高くなることを意味します。

(3) 正解

企業 L の株式は，企業 U よりハイリスクになります。株式のリスク指標はベータでした。企業 L の株式ベータは，企業 U より高くなります。

図表 2.15　レバレッジと資本コスト：正解

	企業 U	企業 L
D/E レシオ	ゼロ	1.0
負債コスト	—	1.0%
株式ベータ	1.0	2.0
株式資本コスト	6.0%	11.0%
負債比率（D/(D＋E)）	ゼロ	1/2
WACC	6.0%	6.0%
企業価値評価	1,000	1,000

・企業 L の株式ベータ
＝（企業 U のベータ）×［1＋(D/E)×（1－法人税率）］
＝1.0×(1＋1.0)＝2.0

　図表 2.15 が正解です。企業 L のベータと株式の資本コストは，企業 U より高くなっています。図表 2.15 の下には，企業 L の株式ベータについて説明してあります。この公式は，資本構成の変化に対するベータの変換式です。レバードベータとアンレバードベータの変換式ともいわれます。レバードベータは負債がある場合の株式ベータ，アンレバードベータは負債がない場合のベータです。

　図表 2.15 が示すように，法人税を考慮しなければ，企業 L と企業 U の WACC は一致します。事業資産とビジネスが等しいことを考慮すると，この結果は当然です。FCF と WACC を決めるのは，事業資産とビジネスリスクです。資本構成は無関係です。

(4) レバレッジとマルチプル

　企業価値評価では，DCF 法の結果をチェックするために，マルチプル法という手法を用います。マルチプル法は，倍率法や比率法と訳されます。マルチプルは，その名の通り，企業価値や株式価値が，利益や資産の何倍であるかを示す指標です。

　株式評価では，株価収益率（PER）と株価純資産倍率（PBR）がよく知られています。PER と PBR は，株式投資をする人にとっては，なじみある指標です。

　企業価値評価では，EV/EBITDA 倍率がよく用いられます。英語では，企業価値評価額をエンタープライズバリュー（Enterprise Value）といいます。EV はその略です。長いのですが，EBITDA は，利払前税引前償却前利益（Earnings Before Interest, Taxes, Depreciation, and Amortization）という意味です。本書では，簡便的に，営業利益に減価償却費等を加えて算出することにします。

　マルチプル法では，評価対象のマルチプルを類似企業のマルチプルと比較します。専門的には，類似会社比準法といいます。また，比較する類似企業をコンプス（Comparable Firms の略）ということがあります。

　企業価値評価では，EV/EBITDA を用いた比較を多用します。その理由は，レバレッジにあります。図表2.13と図表2.15の正しい数値を用いて，説明しましょう。

　法人税を考慮しないとき，負債がない企業 U の企業価値は，株式評価額に一致します。数値例では 1,000 です。負債がある企業 L の企業価値は，企業 U と同じ 1,000 になります。有利子負債とエクイティの比率が 1

対1なので,企業Lの株式価値は500です。図表2.16では,この結果を用いて,PERとEV/EBITDA倍率を計算しています。EBITDAは,営業利益と減価償却費の合計で100になります。当期純利益は,企業Uが60,企業Lが55です。図表2.16から分かるように,両社のEV/EBITDA倍率は一致します。一方,PERは異なります。

EV/EBITDA倍率とPERで結果が違ってくる理由は,レバレッジにあります。EV/EBITDA倍率は,企業価値,営業利益,減価償却費から求めます。これらの値は,レバレッジと関係がありません。一方,PERは,株式価値と当期純利益を用いて計算します。株式価値は,企業価値から有利子負債を引いた値です。当期純利益には,有利子負債にかかる支払利息が関係します。そ

図表2.16 レバレッジとマルチプル

	企業U	企業L
D/Eレシオ	ゼロ	1.0
①企業価値（EV）	1,000	1,000
②株式価値	1,000	500
③EBITDA	100	100
④当期純利益	60	55
EV/EBITDA（①÷③）	10.0倍	10.0倍
PER（②÷④）	16.7倍	9.1倍

・法人税は考慮しない
・営業利益60,減価償却費40
・EBITDA＝営業利益＋減価償却費
・企業Lの当期純利益＝営業利益－支払利息＝60－5＝55
　［支払利息＝有利子負債×負債コスト（1.0％）］

のため、PERはレバレッジの影響を受けます。

　企業価値を決めるのは、事業資産とビジネスです。エンタープライズの価値は、営業利益をベースにしたFCFの割引現在価値として評価されます。この考え方に適しているマルチプルは、EV/EBITDA倍率といえます。実際のデータを用いた実証研究でも、EV/EBITDA倍率が好ましいことが報告されています。実務では、PERやPBRも使いますが、本書では主にEV/EBITDA倍率を使うことにします。

(5) エンタープライズとレバレッジ

　エンタープライズは、事業を行う経済主体です。レバレッジは、エンタープライズの資本構成です。エンタープライズの評価におけるレバレッジの影響について、まとめておきましょう。

　第1章では、資本利益率の重要性について述べました。資本利益率のうち、レバレッジの影響を受けるのはROEです。ROICやROAは、レバレッジの影響を受けません。第2章では、資本コストとマルチプルについて説明しました。レバレッジの影響を受けるのは、株式資本コストとPERでした。WACCとEV/EBITDA倍率は、レバレッジの影響を受けない、あるいは受けにくいといえます。

　完全競争という制約はありますが、MMの無関連命題は本質をついています。エンタープライズの評価においては、レバレッジの影響を受けないROIC、WACC、EV/EBITDA倍率が重要になります。

第3章

企業価値評価の基礎

- 企業価値評価におけるエンタープライズDCF法では，分子にFCF（営業利益＋減価償却費－設備投資－NWC増加額），分母にWACCを用います。
- 企業はゴーイングコンサーンです。企業価値評価では，無限個のFCFの現在価値を取り扱う必要があります。
- そのため，中長期的な予測期間と予測期間以降の継続価値に分けて企業価値を評価します。継続価値の算出には，定率成長モデルや定額モデルを用います。
- エンタープライズDCF法による企業価値評価の結果を検証する手法として，類似上場企業の指標と比較するマルチプル法があります。EV/EBITDAマルチプルは，よく使われる指標です。
- エンタープライズDCF法は，シナジー効果の数値化や経営戦略の評価に応用できます。

本章では，法人税を考慮しないという仮定をおいて，企業価値評価のエッセンスを説明します。法人税を考慮してもエッセンスは変わりませんが，計算などが複雑になります。法人税を考慮しなければ，フリー・キャッシュフロー（FCF）と加重平均資本コスト（WACC）は，次のようになります。

$$\text{FCF} = 営業利益 + 減価償却費 - 設備投資 - \text{NWC}増加額 \quad (3.1)$$

$$\text{WACC} = (負債比率) \times (負債コスト) + (株式比率) \times (株式の資本コスト) \quad (3.2)$$

1 エンタープライズDCF法

エンタープライズを強調して，企業価値評価におけるDCF法をエンタープライズDCF法とよびましょう。図表3.1は，エンタープライズDCF法の概念図です。エンタープライズは，事業資産（NWCと固定資産）を用いて，営業利益をあげます。成長プロセスにある企業は，利益の一部を再投資します。再投資は，NWC増加と設備投資の合計額から減価償却費を引いた値です。利益から再投資額を引くと，(3.1)式のFCFになります。

FCFは，事業活動からフリーなキャッシュであり，投資家に配分できます。資本提供者である投資家は，リスクに応じたリターンを期待します。企業にとっては資本コストです。資本コストは，多数の投資家が参加する資本市場のデータを用いて算出します。負債のコストは，

第3章　企業価値評価の基礎

図表 3.1　エンタープライズ DCF 法

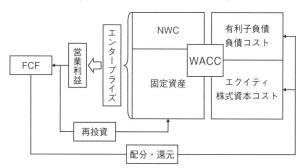

格付と信用スプレッドなどを利用して求めます。株式の資本コストは，CAPM を用いて算出します。負債のコストと株式の資本コストを加重平均すると，WACC になります。WACC は，FCF を生み出す事業資産のリスク（ビジネスリスク）に対応します。

エンタープライズ DCF 法では，将来の FCF の流列を WACC で割り引きます。すべての FCF の現在価値をたし合わせて，エンタープライズの価値が求まります。ただし，エンタープライズの事業活動は永続的です。無限個の FCF の現在価値の和を求める必要があります。しかし，実際には無限個の項を書いたり，インプットしたりすることはできません。

そこで，エンタープライズ DCF 法では次のような手法を使います。まず，数年間の FCF を精緻に予測します。この期間を予測期間といいます。予測期間後の FCF の評価については，定額モデルや定率成長モデルを用います。予測期間の最終年度（ターミナル）において，その後に継続する FCF を評価した値は，ターミナ

ルバリュー（継続価値）といわれます。予測期間のFCFの現在価値と，ターミナルバリューの現在価値を加えると，エンタープライズの評価額になります。

2　エンタープライズDCF法のイメージ

実例を用いて，エンタープライズDCF法のイメージをつかみましょう。図表3.2は，アサヒビール（アサヒ）が和光堂を買収したときの解説記事からの抜粋です。

　今年4月に話題となったM&Aがある。アサヒビールによるベビーフード大手の和光堂の買収だ。買収価格は，市場価格を上回り，買収総額は470億円に達した。高すぎるという声があがる中で，アサヒは同社なりの勝算をはじいていた。和光堂の2006年3月期の営業利益は11億円である。アサヒはコスト削減やグループの連携によるシナジー効果で，連結営業利益が3年後に30億円，10年後に40億円になると想定し，フリー・キャッシュフローを計算した。割引率を約7％として，現在価値を算出し，投資採算に合う買収価格を算出した。（日本経済新聞2006年7月19日付朝刊17面より抜粋）

図表3.2は，標準的なエンタープライズDCF法のイメージです。上の解説から分かるように，アサヒは和光堂の企業価値を算出する際に，10年間のFCFを予測しました。予測期間は10年間です。図表の（注）をみると，FCFは営業利益に減価償却費を加え設備投資を引いた値になっています。これは推測ですが，NWCの増

第3章　企業価値評価の基礎

図表3.2　エンタープライズDCF法のイメージ

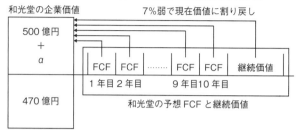

(注)　FCFは営業利益＋減価償却費－設備投資額で試算
(出所)　日本経済新聞2006年7月19日付（朝刊）「投資の勝算－成長戦略を追う－」

加額は小さかったのでしょう。

　計算過程は示されていませんが，WACCは約7％です。予測期間のFCFをWACCで現在価値に換算し，たし合わせます。予測期間の最終時点である10年目において，翌11年目からの永続的なFCFを簡便法で評価した値がターミナルバリューになります。ターミナルバリューの割引回数は，現在からターミナルバリューの評価時点（予測期間最終年）までの年数です。このケースでは，ターミナルバリューは10回割り引いています。アサヒは，このようにして，ゴーイングコンサーンである和光堂のエンタープライズバリューを評価したようです。

　当時，和光堂には有利子負債がありませんでした。したがって，エンタープライズバリューが株式価値になります。アサヒのバリュエーションでは，買収後の和光堂の企業価値評価額は，500億円＋αだったようです。実際の買収額は470億円でした。アサヒは，M&Aの

NPV（正味現在価値）を30億円+αとみなし，買収に踏み切ったといえます。

補足になりますが，アサヒはキャッシュフロー経営を掲げています。同社のその当時（2004〜2006年）の中期経営計画では，次のように述べられています。

> 収益性の向上と総資産の圧縮により資本効率を高めるとともに，キャッシュフローの最大化を目指します。創出されるキャッシュフローは，将来のグループ成長を支える戦略的な投資にふりむけ，事業構造の変革による新たな成長をはかるとともに，株主還元の拡充や金融債務の削減による財務体質の強化をはかります。

3 ターミナルバリュー

(1) ターミナルバリューとは

ターミナルバリューは，エンタープライズDCF法の特徴の一つです。ビジネスには年限がありますが，ゴーイングコンサーンを前提とするエンタープライズには，期限がありません。そこで，先に述べたように，何らかの基準によって予測期間（計画期間）を決め，予測期間以降のFCFをターミナルバリュー（Terminal Value：TV）とします。

予測期間の長さを決める基準は，実務的なテーマです。よくあるのは，企業が立案している事業計画の終了までを予測期間とすることです。計画している期間という意味で，計画期間ともいいます。業界の競争が均衡し，FCFが安定する時点までを予測期間とすることも

あります。投資家の立場からすると、投下資本（買収金額）の過半を回収するまでを予測期間にする、という考え方などもあるでしょう。いずれにせよ、決定的なものはありません。

ターミナルバリューの算出時点は、予測期間の最終年度です。最終年度なので、ターミナルといいます。ターミナルバリューの算出には、定額モデルや定率成長モデルを用います。定額モデルは、ターミナルの翌年以降の期待FCFが一定であると想定できる場合に用います。定率成長モデルは、ターミナルの翌年以降の期待FCFが定率で成長すると考えられる場合に適用します。

図表3.3は、ターミナルバリューの算出を図示したものです。企業価値を評価する基準日は現時点、予測期間は5年間にしてあります。ターミナルは予測期間の最終年度である5年後です。ターミナルバリューは、予測期間以降の永続的なFCFを評価したものになります。図

図表3.3　ターミナルバリュー

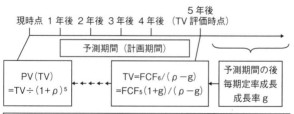

- FCF_6 はTV算出時点の翌年の期待FCF、FCF_5 は5年後の期待FCF
- 予測期間の翌年（6年目）以降のFCFが定率成長すると想定してTVを求める
- TVの現在価値（PV(TV)）を求めるため5回割り引く（割引回数は現時点からターミナルまでの年度）
- 成長率をゼロにすると、TVは定額モデル（$TV = FCF_6/\rho$）になる

表では、定率成長モデルを用いました。成長率をゼロにすると、定額モデルになります。

エンタープライズDCF法では、ターミナルバリューを現在価値に換算する必要があります。図表では、現時点からターミナルまで5年あるので、5回割り引いています。試験などでは、6回割り引いた答案をみることがあります。間違いやすいところですので、しっかり理解してください。

図表3.4は、図表2.2の一部です。エンタープライズDCF法が紹介されています。最後の項がターミナルバリュー（Term. Value）です。ターミナルバリューの前の項は、予測期間の最終年度のFCFの現在価値になっています。予測期間はH年、ターミナルは予測期間の最終年度にあたるH年後です。ターミナルバリューの割引回数は、H回になっています。H+1回ではありません。

**図表3.4 エンタープライズDCF法：
アメリカMBAの講義資料**

FCF approach

Asset value

$$\text{PV of assets} = \frac{FCF_1}{1+r} + \frac{FCF_2}{(1+r)^2} + \cdots + \frac{FCF_H}{(1+r)^H} + \frac{\text{Term. value}}{(1+r)^H}$$

（注）図表2.2のバリュエーションの部分
（出所）MIT Sloan School of Managementのファイナンシャル・マネジメント講義資料

(2) ターミナルバリューの現在価値

　定率成長モデルを用いて，ターミナルバリューと割引回数について理解を深めましょう。図表3.5は，図表1.4のサステイナブル成長モデルを再掲したものです。エンタープライズは，事業資産を用いて利益を生み出します。利益の一部は，成長のための再投資にまわされます。再投資（純投資）は，CAPEX＋NWC増加額－減価償却費です。利益から再投資を引くと，事業からフリーなFCFになります。FCFは投資家に配分できるキャッシュです。数値例では，配当に一致します。

　サステイナブル成長率は，資本利益率と再投資比率（再投資÷利益）の積です。数値例では4％になります。エンタープライズDCF法では，第2章の考え方と手順にしたがい，WACCを求める必要があります。ここでは，手順を省略して，WACCを10％とします。

　図表3.5の下には，2通りのエンタープライズDCF法によるバリュエーションが示されています。最初の方法（1）は，現時点において定率成長モデルを適用する方法です。企業価値（EV）は，1,000になります。資本利益率と資本コストが等しいため，投下資本とEVが一致します（第1章4節を参照）。

　次の方法（2）は，予測期間が3年，ターミナルが3年後になっています。この方法では，3年後のターミナルバリュー（TV3）を求めます。ターミナル以降は，FCFが4％の定率で成長します。定率成長モデルを応用すると，TV3の分子は，3年後のFCFから4％成長した値になります。分母は（WACC－成長率）です。

　エンタープライズDCF法では，すべてのFCFの現

図表3.5 ターミナルバリューの割引回数

	1年後	2年後	3年後	4年後以降
①投下資本 （期首自己資本）	1000	1040	1081.6	4%成長
②ROE （自己資本利益率）	10%	10%	10%	10%
③利益（①×②）	100	104	108.16	4%成長
④配当（配当性向 6割：③×0.6）	60	62.4	64.896	4%成長
再投資（内部留保： ③×0.4）	40	41.6	43.246	4%成長
期末自己資本 （①+③-④）	1040	1081.6	1124.816	4%成長
FCF＝利益-再投資 ＝配当	60	62.4	64.896	4%成長
FCF成長率（＝ROE ×再投資比率）		4%	4%	4%成長

(1) 定率成長モデルによる評価：EV＝60÷(0.10−0.04)＝1,000
(2) 予測期間を3年，ターミナルを3年後とする場合
 ・TV3＝[64.896×(1.04)]÷(0.10−0.04)＝1,124.864
 ・$EV = \dfrac{60}{1.1} + \dfrac{62.4}{1.1^2} + \dfrac{64.896}{1.1^3} + \dfrac{1}{1.1^3}TV3 = 1{,}000$

在価値をたし合わせます。割引率はWACCです。1年後のFCFは1回，2年後のFCFは2回，3年後のFCFは3回割り引きます。そして，3年後のターミナルバリュー（TV3）は3回割り引きます。図表では，丸で囲った部分が相当します。すべてを足し合わせると，企業価値（EV）になります。ぴったり，1,000です。確認してください。

4　フリー・キャッシュフロー計画

　エンタープライズ DCF 法では，FCF を予測します。外部の人間が行うと予測ですが，企業が行うと計画や目標になります。ここでは，FCF の予測を FCF 計画（FCF Projection）とよびましょう。計画や目標には，企業の意思が表れます。

　FCF 計画は，売上高の目標から始めることが多いようです。合理的な売上目標を定めるためには，顧客，競合，自社を分析することが必要になります。経営学では，顧客（Customer）競合（Competitor），自社（Company）の頭文字から，3C 分析といいます。もちろん，マクロ経済の動向なども予測する必要があります。

　次に，売上高の目標達成に必要な売上原価の計算を行います。売上高から売上原価を引くと，売上総利益が求まります。売上総利益から販売費及び一般管理費を引くと，営業利益です。営業利益は，FCF のベースになります。売上高や営業利益の目標を達成するためには，人材や組織体制が重要であることも理解しておきましょう。

　売上目標を達成するためには，設備投資と運転資本からなる事業資産が必要です。営業利益に減価償却費を加え，設備投資（CAPEX）と NWC の増加額を減じると，(3.1) 式の FCF が求まります。法人税を考慮する場合は，税引後営業利益を用います。

　FCF 計画は，前提を含めて，確認したり検証したりする作業が必要です。損益分岐点分析や過年度の財務分析を行い，計画が現実と大きく乖離していないかなどを

確かめます。同業他社の財務分析を比較する方法も，よく使われます。

5　エンタープライズ DCF 法による企業価値評価

(1)　フリー・キャッシュフロー計画の立案

数値例を用いて，エンタープライズ DCF 法による企業価値評価を行いましょう。図表 3.6 は，売上高をベースにした N 社の FCF 計画です。マクロ経済，業界動向，自社の経営資源などから，図表のような計画を立案しました。予測期間は 3 年です。計画では，投資を増やし 3 年後の売上増加と 4 年後以降の永続的な成長を目指して

図表 3.6　エンタープライズ DCF 法① N 社の FCF 計画の立案

FCF 計画	1 年後	2 年後	3 年後	4 年後以降
売上高	1,000	1,000	1,050	2% 成長
売上高利益率	10%	10%	10%	10%
営業利益	100	100	105	2% 成長
減価償却費	70	60	65	
CAPEX	70	70	80	再投資比率 20% 計画
NWC 増加額	10	10	10	
FCF	90	80	80	2% 成長

事業資産（正味）	1 年目	2 年目	3 年目	4 年目以降
期首事業資産	1,000	1,010	1,030	2% 成長
期末事業資産	1,010	1,030	1,055	
資本利益率	10%	9.9%	10.2%	10%

(注)　期末事業資産＝期首事業資産＋CAPEX＋NWC 増加額－減価償却費
資本利益率＝営業利益÷期首事業資産

います。政府の掲げる成長戦略もあり、この事業計画は実現可能であると考えられます。売上高営業利益率は、時系列分析や同業他社との比較においても、非現実的な数値ではありません。

図表3.6には、FCFに加え、事業資産（正味）の推移も計画されています。正味というのは、ネットの運転資本を用いているためです。期末の事業資産は、期首残高に再投資額を加えた値です。再投資額は、CAPEXとNWC増加の合計から減価償却費を引いて算出します。

事業資産が分かると、資本利益率が計算できます。ここでは、期首事業資産を投下資本とみなし、各期の資本利益率を算出しました。時系列分析や同業者比較においても、資本利益率は妥当な水準といえます。

FCF計画を立案する際、貸借対照表を作成することで、資本利益率が計算できます。資本利益率は、重要な経営指標です。加えて、資本利益率と再投資比率から、成長率の妥当性を検証することができます。サステイナブル成長率は、資本利益率と再投資比率をかけたものであることを思い出しましょう。再投資比率は、利益のうち再投資にまわす割合です。図表3.6の計画では、2年後以降の再投資比率が2割になっています。資本利益率が10%ですから、成長率は2%（10%×2割）になります。永続成長率が2%という計画は、妥当であるといえるでしょう。

(2) コンプスのWACCとマルチプル

N社は未上場会社です。資本市場のデータがないため、WACCを直接計算することができません。このような

場合，同業の上場企業の WACC を参考にします。N 社が上場会社であっても，同業の上場企業のデータは参考になります。

事業内容と企業規模が類似している比較可能なコンプスを 2 社選びました。Y 社と Z 社です。図表 3.7 は，Y 社と Z 社の財務データと資本市場関連データです。

図表には，リスクフリー・レートとマーケット・リスクプレミアムが掲載されています。リスクフリー・レートは 2％，マーケット・リスクプレミアムは 5％です。その他のデータを含め，すべて入手可能です。第 2 章で学んだ手順通りに計算を行うと，株式資本コストと WACC が算出できます。株式資本コストの算出には，CAPM を適用します。有利子負債がない Y 社の WACC

図表 3.7　エンタープライズ DCF 法② 上場コンプスのデータ

(単位：億円)	Y 社	Z 社
①営業利益	120	105
②減価償却費	60	65
③有利子負債（負債コスト）	ゼロ	500 (3%)
④株式時価総額	1,700	1,000
⑤株式ベータ	1.0	1.4
⑥リスクフリー・レート	2.0%	
⑦マーケット・リスクプレミアム	5.0%	
⑧株式資本コスト ［⑥＋⑤×⑦］	7.0%	9.0%
⑨負債比率 ［③÷（③＋④）］	ゼロ	1/3
WACC ［⑨×負債コスト＋（1－⑨）×⑧］	7.0%	7.0%
EV/EBITDA ［（③＋④）÷（①＋②）］	9.44 倍	8.82 倍

(注)　法人税は考慮していない

は，株式資本コストに一致します。

有利子負債があるZ社の負債コストは，格付と信用スプレッドから求めます。図表には明示していませんが，Z社の格付に対応する信用スプレッドは1%です。同社の負債コストは，リスクフリー・レートに信用スプレッドを加えた3%になります。法人税等を考慮しないため，WACCの計算には（3.2）式を使います。数値を入れていくと，Z社のWACCは7%になります。

一般的に，レバレッジが異なるコンプス（類似企業）間では，WACCの差は，株式資本コストの差より小さくなります。同種の事業を行っているため，ビジネスリスクとそれに対応するWACCは近似します。一方，レバレッジの影響を受ける株式資本コストには，差がでてきます。図表3.7のコンプス2社の資本コストは，理論どおりの結果になっています。

図表では，EV/EBITDA倍率も計算しています。くり返しになりますが，EV/EBITDA倍率は，企業価値評価において，よく用いられるマルチプルです。

(3) エンタープライズDCF法による企業価値評価

図表3.6のFCF計画と図表3.7の資本コストの分析結果を用いて，N社の企業価値評価を行います。図表3.8は，エンタープライズDCF法の手順と計算結果を示したものです。これまでの解説を思い出しながら，ゆっくりと読んでください。

まず，N社のWACCは7%にしました。コンプス2社と同じ値です。理論的にいうと，WACCはFCFを生み出すビジネスリスクに対応します。コンプス2社とN

社は，事業内容と規模が似ているので，ビジネスリスクも同程度であるとみなせます。これは，合理的な考え方といえるでしょう。複数のコンプス間でWACCが異なる場合は，中央値や平均値をとるなど統計的な処理をして，対象企業のWACCの参考にします。補足ですが，図表2.12によると，WACCが7%である日本企業は多いといえます。

次に，ターミナルバリューを求めます。ターミナルは，FCF計画の予測期間の最終年度にあたる3年後です。図表3.6によると，N社は，ターミナル以降の成長を目指して再投資を行う計画を立てています。再投資比率と資本利益率から算出した成長率の数値は，計画が妥当であることを裏付けています。そこで，4年後以降は永続的に2%で成長するというシナリオを採用することにしましょう。このシナリオは，定率成長モデルを用いて定量化することができます。図表3.8では，時点を誤らないために，ターミナルバリューをTV3と表示しました。定率成長モデルによる計算結果も確認してください。

N社を評価する基準日は現時点です。予測期間のFCFとターミナルバリューを現在価値に換算して集計

図表3.8 エンタープライズDCF法③ 企業価値評価

① N社のWACCはコンプス2社と同じ7.0%にする
② ターミナルバリューの算出

$$TV3 = \frac{FCF_3(1.02)}{0.07 - 0.02} = \frac{81.6}{0.05} = 1,632$$

③ エンタープライズDCF法による企業価値評価

$$EV = \frac{90}{1.07} + \frac{80}{1.07^2} + \frac{80}{1.07^3} + \frac{1,632}{1.07^3} = 1,551$$

します。その結果が,現時点におけるエンタープライズバリューです。図表3.8 ③に計算結果があります。N社の企業価値評価額は,1,551億円になります。

(4) マルチプル法による検証

エンタープライズDCF法は,理論的に正しいバリュエーションの手法です。ただし,分子のFCFや分母のWACCは,確定的なものではありません。FCFは将来の予測ですし,WACCは資本市場データからの推定です。予測と推定には,手順を尽くし,現時点における最善の値を用いています。それでも,株価が秒単位で動くように,企業価値評価額も変化する余地があります。社会科学ゆえの問題ですね。

そこで,企業価値評価では,DCF法の結果を検証したり,評価額をレンジで示したりします。ここでは,マルチプル法による検証について説明します。

図表3.9は,DCF法の結果をマルチプル法で検証し

図表3.9 マルチプル法による検証

(1) DCF法によるN社の企業価値(EV)からEV/EBITDA倍率を求める 　EV/EBITDA倍率= 1,551 ÷ (100+70) = 9.1倍 　・コンプス2社の倍率の範囲内(8.8〜9.4)にある 　・コンプス2社の倍率と大きな差はない (2) マルチプル法:コンプス2社のEV/EBITDA倍率からN社の企業価値(EV)を求める. 　①N社のEBITDA(1年後の170)にY社の倍率9.44倍を適用 　⇒N社のEV = 170 × 9.44 = 1,605 　②N社のEBITDAにZ社の倍率8.82倍を適用 　⇒N社のEV = 170 × 8.82 = 1,499 　③DCF法の結果である1,551は,①と②のレンジ内にある

たものです。企業価値評価では、レバレッジの影響を受けない EV/EBITDA 倍率を用いるのが主流です。図表の（1）では、DCF 法の結果を用いた N 社の倍率が、コンプス 2 社の倍率と差がないことを確認しています。

図表の（2）では、コンプス 2 社のマルチプルを用いて、N 社の企業価値評価額（EV）を簡便的に算出しています。マルチプル法による簡易バリュエーションです。専門的には、類似会社比準法ともいいます。

Y 社のマルチプルを適用すると、N 社の企業価値評価額は 1,605 になります。Z 社のマルチプルを用いると、1,499 です。エンタープライズ DCF 法による評価額は、マルチプル法による評価額のレンジ内にあります。エンタープライズ DCF 法の結果に対する信頼性は、高まったといえます。

エンタープライズ DCF 法に比べると、マルチプル法はシンプルです。シンプルであるがゆえに分かりやすく、計算ミスをする可能性は小さいといえます。実際の企業価値評価では、理論的で精緻なエンタープライズ DCF 法とシンプルなマルチプル法を併用します。

(5) 感度分析とレンジ

図表 3.9（2）のマルチプル法は、N 社の企業価値評価のレンジを示していると解釈することもできます。同業 2 社のマルチプルから簡便的に算出した N 社の企業価値のレンジは、1,500 から 1,600 といえそうです。このレンジは、EV/EBITDA 倍率に対応するレンジです。

一方、エンタープライズ DCF 法では、主要なパラメーターに対する感度分析を行い、評価額のレンジを決めま

す。主要なパラメーターとは、企業価値評価額に大きな影響を与える変数です。代表的なものとして、永続成長率とWACCがあげられます。永続成長率は、ターミナル以降のすべてのFCFに影響します。WACCは、すべてのFCFの現在価値に影響を与えます。いずれも、企業価値評価額に大きな影響を与える変数です。

図表3.10は、主要パラメーターである成長率（永続成長率）とWACCに対するN社の企業価値評価の感度分析とレンジを示しています。ベースケースは、7%のWACCと2%の永続成長率です。図表では、真ん中のアミかけのセルになります。その右側の1,707という数値は、WACCは変わらず成長率が2.5%になったときの評価額です。左側の1,424は、成長率が1.5%に低下したときの評価額です。ターミナル以降の永続成長率が0.5%変化したとき、企業価値評価額は、このように変化します。この分析を、感度分析（Sensitivity Analysis）といいます。

アミかけのセルの上側は、成長率2%を維持しながら、WACCが6%に低下したときの評価額です。下側は、WACCが8%に上昇したときの評価額です。ビジネスリスクの指標であるWACCが1%変化したとき、企業価

図表3.10　企業価値評価額の感度分析とレンジ

成長率＼WACC	1.5%	2%	2.5%
6.0%	1,738	1,936	2,190
7.0%	1,424	1,551	1,707
8.0%	1,207	1,295	1,399

値評価がどれくらい変化するかが分かります。これは，WACCに対する感度分析です。

感度分析の結果から，企業価値評価額のレンジを示すことができます。図表3.10は，WACCが6〜8％，成長率が1.5〜2.5％の範囲をとる場合の企業価値評価額のレンジです。最小値は1,207億円，最大値は2,190億円になっています。

6　エンタープライズDCF法の応用

(1)　シナジー効果とFCF

N社の企業価値評価をベースケース（WACCは7％，成長率2％）に戻しましょう。これまでは，N社が単独で事業を行うスタンドアローンの企業価値評価を行いました。ここでは，シナジー効果を考慮した企業価値評価を行います。

類似の事業を行っている企業が，N社との経営統合を検討しています。同業との経営統合は，水平的M&Aに分類されます。水平的M&Aは，事業領域を変えずに，規模を拡大していきます。横に展開していくイメージです。水平的に対するのは，垂直的M&Aです。垂直的M&Aでは，メーカーが原材料領域（川上）や販売領域（川下）に進出します。事業領域を縦方向に連ねていくイメージです。

水平的M&Aの経済的動機は，図表1.15でも紹介したシナジー効果です。今回の水平的M&Aでは，次のようなシナジー効果が実現できそうです。

第3章　企業価値評価の基礎

①共通資材の購買力強化がもたらす原価の削減と利益率の向上
②管理部門コストの削減による利益率の向上
③生産設備の集約化と効率化によるCAPEXの削減
④運転資本管理の共通化による資本効率の実現

シナジー効果の①と②は，N社の営業利益を高めると考えられます。計画では，3年後の売上高利益率が10.5％に上昇するとしました。③は，N社が単独で事業を行う場合に比べて，CAPEXを減少させる効果があります。CAPEXの減少は，減価償却費の低下にもつながります。計画では，整合性をとることが重要です。運転

図表3.11　シナジー効果を反映したFCF計画と企業価値評価

FCF計画	1年後	2年後	3年後	シナジー効果
売上高	1,000	1,000	1,050	考慮しない
売上高利益率	10%	10%	10.5%	共通資材の購買力強化
営業利益	100	100	110.25	販売管理費削減
減価償却費	70	60	63	生産設備集約化と効率化
CAPEX	70	70	78	（減価償却費調整）
NWC増加額	10	10	9.5	運転資本管理効率化
FCF（スタンドアローン）	90 (90)	80 (80)	85.75 (80)	シナジー効果は3年目以降のFCFに表れる

・ターミナルバリューの算出（成長率2％の定率成長モデル）

$$TV3 = \frac{FCF_3(1.02)}{0.07 - 0.02} = \frac{87.465}{0.05} = 1,749$$

・シナジー効果を含む企業価値評価

$$EV = \frac{90}{1.07} + \frac{80}{1.07^2} + \frac{85.75}{1.07^3} + \frac{1,749}{1.07^3} = 1,652$$

資本管理の効率化は、NWC の増加の抑制を通じて、FCF を高めます。

図表3.11は、シナジー効果を反映した FCF 計画と企業価値評価です。異なる組織が一緒になるわけですから、シナジー効果の実現には、ある程度の時間がかかります。計画では、3年後の成果実現を目標にしています。最初の2年間の FCF は、スタンドアローンの計画（図表3.6を参照）と同じです。3年後に、5.75億円の FCF の増加という形で、シナジー効果が出てきます。

(2) シナジー効果の評価

利益率の向上や NWC の効率化による FCF の増加は、一時的なものではありません。経営努力を怠らなければ、継続します。そこで、図表3.11では、シナジー効果が3年後以降も継続するとし、ターミナルバリューを求めました。図表の下に計算結果が示されています。

ターミナルバリューの現在価値と3年間の FCF の現在価値を足し合わせると、N 社の企業価値が算出できます。シナジー効果を反映した企業価値評価です。計算結果は、1,652億円になりました。スタンドアローンの企業価値評価額（ベースケース）より、100億円ほど高くなっています。シナジー効果の評価額は、100億円といえます。

シナジー効果を項目ごとに算出する場合、FCF 計画を立案するエンタープライズ DCF 法が有益です。FCF 計画では、売上原価や販売管理費を明示するため、シナジー効果を具体的に数値化できます。マルチプル法では、この作業が困難です。エンタープライズ DCF 法が支持

される理由は，このあたりにもあります。

スタンドアローンの評価額（図表 3.8 を参照）とシナジー効果を含む評価額（図表 3.11 を参照）が算出できました。N 社に経営統合を提案する企業は，シナジー効果を含む評価額を上限として，交渉に臨みます。N 社は，スタンドアローンの評価額を下限として，交渉の席につきます。両社の投資家が満足する合意価格は，スタンドアローンとシナジーの間の価格になります。

(3) 経営戦略の評価

エンタープライズ DCF 法は，経営戦略を分析する際にも有益です。企業の経営戦略は，企業価値の向上が目的です。経営陣は，経営戦略が企業価値に与える影響について，十分な分析を行う必要があります。エンタープライズ DCF 法による戦略評価は，その一助になります。

経営戦略は，外部環境に対して経営資源を適合させる具体的な方針です。外部環境と内部資源（経営資源）の適合を分析する代表的な方法として，SWOT 分析があります。SWOT とは，強み（Strength），弱み（Weakness），機会（Opportunity），脅威（Threat）の頭文字をとったものです。強みと弱みは企業の経営資源（内部），機会と脅威は外部環境に相当します。

図表 3.12 は，仮想日本企業 J 社の SWOT 分析です。機会は，地理的に近いアジア市場の成長ポテンシャルです。株高や低金利という資本市場の環境も，機会といえるでしょう。脅威は，国内市場の成熟化と縮小にあります。ただし，成熟化が進む国内市場では，業界再編がおこり，市場シェアは安定しています。元来，J 社の技術

図表 3.12　SWOT 分析と戦略策定

外部環境 内部資源	Opportunity（機会） 新興国市場の成長 現在の低金利・株高	Threat（脅威） 国内市場縮小 将来の金利動向
Strength（強み） 技術力と製品開発力 国内事業の安定 海外拠点の整備	[SO 戦略] 海外積極展開 低価格製品投入	[ST 戦略] 国内市場重視 高性能製品投入
Weakness（弱み） 高い負債比率	[WO 戦略] エクイティ ファイナンス	[WT 戦略] 有利子負債の返済

力と製品開発力には定評があります。近年は，海外拠点の整備等を進めてきました。海外でマネジメントを経験した社員も増えています。これらは，J社の強みといえます。弱みは，同業他社と比較して高い負債比率です。低金利下でレバレッジを積極的に利用してきたことが，不安材料になっています。

日本企業J社の経営戦略には，大きく2つの選択肢があります。1つは，強みを生かし，機会をとらえる積極的な海外展開です。もう1つは，技術力と開発力を生かして，成熟した国内市場でのプレゼンスを高めることです。高価格帯を中心に新製品を投入し，安定的な収益を目指すことになります。もちろん，積極的な海外展開を選択しても，国内をおろそかにすることはできません。国内シェアの拡大を目指す場合でも，海外から撤退するわけではありません。どちらにより注力するかということが，問題になります。

(4) 成長とリスク

経営戦略の目的は、企業価値の向上です。そこで、2つの経営戦略を反映した企業のFCF計画を立案し、DCF法で評価することにしましょう。図表3.13は、積極的な海外展開を選択した場合のFCF計画とDCF法による評価です。図表3.14は、国内シェア拡大を選択した場合のFCF計画とバリュエーションです。表計算ソフトで計算してありますので、電卓で計算すると微小なズレが生じるかもしれません。

海外展開を重視する場合、売上高と利益の伸び率は高くなります。また、成長をサポートするため、多額の投資を行います。そのため、予測期間（3年間）におけるFCFの水準は低くなりますが、その後の成長率は高く

図表3.13　経営戦略の評価：海外積極展開

海外積極展開	1年後	2年後	3年後	4年後以降
売上高 （高成長率＝5％）	3,000	3,150	3,307.5	永続成長率5％
営業利益 （売上高の7％）	210	221	231.5	
再投資（多額）	20	40	60	
FCF	190	181	171.5	
予測期間（3年間）の FCFのPV （WACC＝10％）	$PV = \dfrac{190}{1.1} + \dfrac{181}{1.1^2} + \dfrac{171.5}{1.1^3} = 451$			
ターミナルバリュー （TV3）のPV （WACC＝10％）	$PV\ (TV3) = \dfrac{1}{1.1^3} \dfrac{171.5\,(1.05)}{(0.1 - 0.05)} = 2{,}706$			
戦略評価	$EV = 451 + 2{,}706 = 3{,}157$			

図表 3.14　経営戦略の評価：国内市場重視

国内重視	1 年後	2 年後	3 年後	4 年後以降
売上高 (低成長率＝1％)	3,000	3,030	3,060.3	永続成長率1％
営業利益 (売上高の7％)	210	212	214.2	
再投資（少額）	20	25	30	
FCF	190	187	184.2	
予測期間（3年間）の FCFのPV (WACC＝7％)	$PV = \dfrac{190}{1.07} + \dfrac{187}{1.07^2} + \dfrac{184.2}{1.07^3} = 491$			
ターミナルバリュー (TV3) の PV (WACC＝7％)	$PV(TV3) = \dfrac{1}{1.07^3} \dfrac{184.2\,(1.01)}{(0.07-0.01)} = 2{,}531$			
戦略評価	EV＝491 ＋ 2,531 ＝ 3,022			

なります。海外ビジネスには，カントリーリスクなどのリスクがあります。ハイリスクを反映して，WACCも高くなります。新興国を中心とする海外事業の特徴は，高い成長率と高い割引率に表れています。図表3.13では，成長率が5％，WACCは10％になっています。

海外ビジネスと比較すると，国内ビジネスは安定しており，WACCは低くなります。成長ポテンシャルが小さいため，成長率は低くなります。図表3.14では，成長率が1％，WACCは7％になっています。投資が少額になるため，予測期間におけるFCFは，図表3.13の計画より多くなります。

図表3.13と図表3.14の下3項目には，経営戦略の定量的な評価が示されています。比較検討してみましょう。

高い成長ポテンシャルがある海外重視の戦略をとると，予測期間のFCFの現在価値は低くなります。代わりに，4年後以降のFCFを評価したターミナルバリュー（TV3）の現在価値は，高くなります。国内市場重視の戦略をとると，予測期間のFCFの価値は高くなりますが，ターミナル以降の評価額は低くなります。

　総合的にみると，海外積極展開の方が，企業価値に貢献することが分かります。ただし，両者の差は，それほど大きくありません。このことは，主要パラメーターの感度分析を行えば，よく分かります。海外戦略の成長率が0.5％低くなったり，WACCが0.5％高くなったりするだけで，大小関係は逆になります。成長率の予測とWACCの算定は，非常に重要な作業であることが再確認できます。

　企業価値向上を目指す企業にとって，戦略的な代替案を定量的に評価し，財務的に分析することは，ますます重要になってくるでしょう。

(5) 事業と財務

　海外で高成長を目指すビジネスを行うか，国内で安定的なビジネスを行うかは，事業の選択になります。資本主義経済では，事業だけでなく財務戦略も必要です。事業と財務のバランスが重要になります。

　図表3.12のSWOT分析によると，高い負債比率が懸念材料になっています。ハイリスクの海外ビジネスを行う場合，負債が足かせになるかもしれません。現在は，株式市場が堅調で，エクイティファイナンスが行いやすい環境にあります。そこで，弱みを克服するために，エ

クイティファイナンスを行い，一気に負債比率を下げるという財務戦略が考えられます。ハイリスクな事業とエクイティファイナンスという財務の組合せは，理想的です。ただし，エクイティファイナンスは，コストがかかります。一時的に，株価が下がるリスクもあります。

　国内ビジネスは，相対的に安定しているため，エクイティファイナンスをする必要はないでしょう。来期以降の安定的な FCF を負債の返済にあて，徐々に負債比率を下げる財務戦略が適しています。

　このように，事業戦略と財務戦略の最適な組合せを比較検討することで，経営戦略が深みをもってきます。

第4章
クロスボーダー・バリュエーションの基礎

- 海外の企業や事業を評価するクロスボーダーのバリュエーションにおいても，DCF法を用います。
- クロスボーダーのバリュエーションでは，通貨や資本コストの調整が必要になります。調整の方法として，金利差に注目する金利平価とインフレ差に注目する購買力平価があります。
- 本書では，金利平価を用いた通貨の変換と資本コストの変換を解説します。どちらの変換を用いても，評価結果は等しくなります。
- クロスボーダーのバリュエーションでは，カントリー・リスクプレミアムを考慮することがあります。カントリー・リスクプレミアムの指標として，ソブリンスプレッド（国債利回りの差）や株式市場の相対ボラティリティ（株価指数収益率の標準偏差の比率）があります。

第3章の経営戦略評価では，海外展開の戦略と国内重視の戦略をともに円建てで評価しました。実際には，海外事業への投資や成果は，現地通貨やドルで決済することがあります。そのため，国境をまたぐクロスボーダーのバリュエーションでは，通貨の扱いが課題になります。また，積極的な海外展開戦略を評価する際のWACCは高く設定しました。新興国のカントリーリスクを見込んだためです。クロスボーダーのバリュエーションにおいては，資本コストの算出も課題です。

　本章では，通貨と資本コストを中心に，クロスボーダーのバリュエーションについて解説します。現在，アジアの新興国に進出する日本企業が増えています。日本企業にとって，クロスボーダーのバリュエーションは，必須のテーマになっています。

1　金利平価と購買力平価

(1)　金利平価と為替先物

　為替レートには，現在の交換レートであるスポットレートと将来の先物レートがあります。先物とは，現時点において，将来の為替レートを約束したものです。為替の先物レートは，金利平価（Interest Rate Parity）で決まります。数値例を用いて，金利平価について説明しましょう。

　図表4.1は，日本円とフィリピンペソ（PHP）の例です。日本の金利（リスクフリー・レート）は1%，フィリピンの金利は4%，円とPHPのスポットレートは1PHP = 4.0円とします。

第4章 クロスボーダー・バリュエーションの基礎

図表 4.1 金利平価（Interest Rate Parity）

[考え方] 日本とフィリピンのどちらに投資しても受取額が等しくなるように為替先物レートは決まる。そうでなければ，一方的な資金フローが生じる。
（投資案 J）100 万円を日本（金利 1%）に投資。1 年後は 101 万円。
（投資案 P）100 万円をフィリピン（金利 4%）に投資し，先物予約で 1 年後の円を確定。
①スポットレート：
　1PHP ＝ 4.0 円⇒ 100 万円＝ 25 万 PHP
②フィリピンで運用（金利 4%）⇒ 1 年後は 26 万 PHP
③通貨先物レートは金利の比率で決まる。

> 1 年物 PHP 円レート
> ＝スポットレート×（1 ＋円金利）÷（1 ＋ PHP 金利）
> ＝ 4.0 ×（1.01）÷（1.04）

④先物予約で確定した円建て受取額
　＝ 26 万 PHP ×［4.0 ×（1.01）÷（1.04）］＝ 101 万円

＊リスクフリーな 2 つの投資案（J と P）の 1 年後の円建て受取額は，ともに 101 万円になる。

日本円で 100 万円をもっている投資家を考えましょう。投資家には，リスクフリーな 2 つの投資案があります。投資案 J と投資案 P です。投資案 J は，日本におけるリスクフリーな投資です。図表に示されているように，1 年後の受取額は 101 万円になります。

投資案 P は，フィリピンにおけるリスクフリーな投資です。詳しい手順と計算は，図表の ①-④ になります。概要は次の通りです。まず，100 万円をスポットレートでペソに変えます。次に，フィリピンの金利でリスクフリーな運用を行います。そして，円とペソの為替先物を用いて，為替リスクを回避し，1 年後の円建て受取額を確定します。

どちらの投資案を選択しても，1年後には円建ての金額を受け取ります。どちらもリスクフリーです。とくに，投資案Pでは，リスクフリーな運用と為替先物を組合せて，円建て受取額を確定します。

　リスクフリーな2つの投資のリターンは，等しくなければなりません。これは，ファイナンス論の原理原則であり，資本主義経済の常識でもあります。金利とスポットレートが決まっているとき，2つの投資案のリターンを一致させるのは，為替の先物レートです。図表では，③の枠で囲った箇所が相当します。為替の先物レートは，二国間の金利（1＋金利）の比率で決まります。これが金利平価の考え方です。

　金利平価にしたがって先物レートを計算するとき，分子と分母にどちらの国の金利を用いるか迷うことがあります。そのときは，次のことを思い出してください。「スポットレートと比較して，金利が低い国の通貨が強くなるように，先物レートは決まる」。

　図表4.1では，日本の方が低金利なので，先物レートは円高になります。投資案Pの④の太枠の部分が，金利平価にしたがう先物レートです。スポットレート（1PHP ＝ 4.0円）と比較して，円高になることを確認してください。

(2) 金利平価と購買力平価

　図表4.2は，スポットレートと金利を所与としたときの1年物，2年物，3年物の先物レートを表しています。それぞれ，1年後，2年後，3年後の為替レートを現時点で決めたものです。2年物レートは，金利の比率を2

第4章 クロスボーダー・バリュエーションの基礎

図表4.2 為替先物の数値例

満期	円／PHP
スポットレート	4.0 円
1年物	3.88 円 $4.0 \times [(1.01) \div (1.04)]$
2年物	3.77 円 $4.0 \times [(1.01) \div (1.04)]^2$
3年物	3.66 円 $4.0 \times [(1.01) \div (1.04)]^3$

乗して算出します。同様に，3年物レートは，金利の比率を3乗して求めます。複数期間の割引現在価値や複利計算と同じ考え方です。その結果，1年物より2年物の方が，2年物より3年物の方が，円高になります。

日本経済新聞のマーケット総合面には，外為市場の欄があります。そこには，対顧客米ドル先物の値が掲載されています。2014年12月，日本の金利（円）はアメリカの金利（ドル）より低い状況にあります。したがって，期間が長い先物レートほど，円高になるはずです。実際の数値もそうなっています。日本経済新聞で確認してください。

経済学的にいうと，金利（名目金利）と物価（インフレ率）は，関係があります。インフレ率が高いほど，金利も高くなります。金利平価では，為替の先物レートは，二国間の金利の比率で決まりました。金利をインフレ率におきかえると，購買力平価（Purchase Power Parity）になります。標準的な条件の下で，購買力平価と金利平価は一致します。すなわち，二国間の金利の比率は，インフレ率の比率に等しくなります。

購買力平価では，インフレ（1＋インフレ率）の比率が先物レートを決めるファクターになります。購買力平価では，スポットレートと比較して，インフレ率が高い国の通貨が弱くなるように，先物レートは決まります。インフレ率が高ければ，モノの価値は上昇し，通貨の価値は下落します。インフレ率が高い国の通貨は，減価しやすいのです。二国間の為替先物レートも同様です。インフレ率が高い国の通貨は，為替という通貨の交換レートが悪化します。インフレ率が高い国の為替先物レートは，スポットレートに比べて，弱くなるように決まります。

　クロスボーダーのバリュエーションでは，為替レートを予測することがあります。為替予測に関する理論的な考え方は，金利平価と購買力平価がベースになります。一般的に，両者は同じ結果をもたらします。本書では，金利平価を用いることにします。金利の方が，データが入手しやすいからです。ただし，金利平価で成り立つことは，購買力平価でも示せることを忘れないようにしてください。

2　クロスボーダーの投資評価

(1)　フリー・キャッシュフローの変換

　日本やアメリカ，イギリスなどの資本市場は，歴史が長く，情報開示制度も整備されています。資本コストの算出に必要なデータが，容易に入手でき，信頼性も高いといえます。一方，新興国の資本市場は歴史が浅く，情報開示などの制度が未整備です。そのため，資本コスト

の算出に必要なデータが不足しており、信頼性に不安が残ります。

解決方法は、先進国の類似企業や類似事業の資本コストを用いることです。ただし、先進国の資本コストは、先進国の通貨で表示されたフリー・キャッシュフロー（FCF）に対応します。新興国の通貨建てFCFに直接適用することはできません。新興国のFCF計画を先進国の通貨に換算する必要があります。このとき、金利平価が役に立ちます。

日本企業がフィリピンの事業を評価する場面を想定して、金利平価によるFCFの変換を説明しましょう。フィリピンの現地法人から、図表4.3にある事業投資の計画が日本本社に提案されました。事業期間は3年、通貨はPHPです。図表の下枠には、日本とフィリピンの金利、PHPと円のスポットレートが示されています。現地のデータが不足しているため、日本の資本コストを適用して、投資評価を行います。

資本コストは6%です。FCF計画が円建てであれば、6%の割引率を用いて、円建てNPV（正味現在価値）を算出できます。しかし、図表のFCFはPHP建てにな

図表4.3　海外事業のFCF計画

年	0	1	2	3
FCF（単位：百万PHP）	－500	200	240	200

- フィリピンの金利＝4.0%
- 日本の金利＝1.0%
- PHPのスポットレート：1PHP＝4.0円
- 日本の資本コスト＝6.0%（円建て）

図表4.4 クロスボーダーの投資評価:FCFの変換

年	0	1	2	3
①FCF(百万PHP)	−500	200	240	200
②為替レート(円/PHP)	4.00	3.88	3.77	3.66
③FCF(①×②)(円建て:百万円)	−2,000	777	905	733
④NPV(6%)(百万円)	\multicolumn{4}{l}{$-2,000 + \frac{777}{1.06} + \frac{905}{1.06^2} + \frac{733}{1.06^3} = 154$}

っています。円建てに直す必要があります。

為替レートを用いることで,合理的で客観的な通貨の変換が可能になります。現時点のPHPは,為替スポットレートで円に換算できます。将来のPHPの変換には,金利平価による為替先物レートを用います。為替先物レートの値は,図表4.2で計算したとおりです。

図表4.4は,PHPのFCF計画を円建てにして,評価したものです。図表の②の為替レートは,金利平価による先物レートです。図表の③では,各年度のFCFを円建てに換算しています。最後に,6%の割引率を用いて,NPVを求めます(図表の④)。円建てNPVは154百万円です。事業計画のNPVがプラスなので,フィリピンの投資プロジェクトは,企業価値に貢献します。

(2) 資本コストの変換

フィリピンの投資プロジェクトを評価するもう一つの方法は,資本コストをPHPに変換することです。PHP表示の資本コストが分かれば,PHP建てFCF計画のNPVを計算することができます。

第4章 クロスボーダー・バリュエーションの基礎

資本コストは，投資の期待収益率です。リスクフリーな投資を思い出しましょう。図表4.1で示したように，フィリピンに投資しても，日本に投資しても，実質的なリターンは一致します。金利平価が機能するからです。

資本コストの変換も同様です。ポイントは，やはり金利差になります。図表4.5の下枠には，日本の資本コストをフィリピンの資本コストに変換する過程と結果が示されています。太枠で囲んだところは公式です。他の国や通貨でも成り立ちます。日本における6％の資本コストは，フィリピンでは9.15％に換算されます。若干の条件が必要になりますが，資本コストの変換は，金利差を調整する作業といえます。

図表4.5の上表は，PHP建てFCFをPHP建てに変換した資本コストで評価したNPVです。フィリピンの投

図表4.5　クロスボーダーの投資評価：資本コストの変換

年	0	1	2	3
FCF（百万PHP）	－500	200	240	200
資本コスト（ペソ建て）	9.15％			
NPV（百万PHP）	$-500 + \dfrac{200}{1.0915} + \dfrac{240}{1.0915^2} + \dfrac{200}{1.0915^3}$ $= 38.50$			
NPV（百万円）	$38.50 \times 4.0 = 154$			

・フィリピン金利＝4.0％，日本金利＝1.0％，
　日本の資本コスト＝6.0％（円建て）
・フィリピンの資本コスト
　＝ (1＋日本の資本コスト)×[(1＋フィリピン金利)÷(1＋日本金利)]−1
　＝ (1.06) × [(1.04) ÷ (1.01)] − 1 ＝ 9.15％

資プロジェクトのNPVは,38.50百万PHPになります。NPVは現在価値です。為替のスポットレートを用いて,日本円に換算することができます。換算すると,154百万円となり,図表4.4と同じ結果になります。電卓で計算すると微小なズレが生じるかもしれませんが,表計算ソフトを使うと完全に一致することが確認できます。

FCFを為替レートで変換する方法と,資本コストを金利差で変換する方法は,同じ結果になります。クロスボーダーのバリュエーションは,国内より作業が複雑になるため,2つの方法で相互にチェックすることをおすすめします。

3　クロスボーダーの企業価値評価

(1)　資本コストの変換

クロスボーダーの企業価値評価は,基本的に投資評価と同じです。数値例を使って説明しましょう。図表4.6は,フィリピン企業のFCF計画です。企業価値評価なので,初年度の投資コストはありません。代わりに,予測期間以降のFCFの成長率を推定することが必要になります。ここでは,フィリピン企業のFCFが,毎期4%で永続的に成長するとします。

フィリピンでは,資本市場のデータが不足しており,企業の資本コストが推定できません。そこで,日本の類似企業のWACCを用いることにします。日本の類似企業のWACCは6.0%です。図表4.5と同様に,金利差を用いてPHP建てWACCを計算すると9.15%になります。

後は,第3章の企業価値評価と同じです。定率成長モ

第4章 クロスボーダー・バリュエーションの基礎

図表 4.6 クロスボーダーの企業価値評価：資本コストの変換

年	1	2	3	4以降
FCF（百万PHP）	200	240	200	4％成長
資本コスト（ペソ建て）	9.15％（図表4.5を参照）			
TV3（百万PHP）	$\dfrac{200(1.04)}{0.0915-0.04} = 4{,}040$			
EV（百万PHP）	$\dfrac{200}{1.0915} + \dfrac{240}{1.0915^2} + \dfrac{200}{1.0915^3} + \dfrac{4{,}040}{1.0915^3} = 3{,}645.4$			
EV（百万円）	$3{,}645.4 \times 4.0 = 14{,}582$			

デルでターミナルバリュー（TV3）を求め，その現在価値を算出します。予測期間のFCFの現在価値とターミナルバリューの現在価値を足すと，エンタープライズの評価（EV）になります。図表の計算過程をたどってください。フィリピン企業の企業価値評価額は，3,645.4百万PHPです。スポットレートを用いて日本円に換算すると，14,582百万円になります。

(2) フリー・キャッシュフローの変換

PHP建てのFCFを円建てに変換して，企業価値評価を行うこともできます。為替レートは，金利平価にしたがって計算します。図表4.7では，②が予測期間の円/PHPのレートです（図表4.2も参照）。

この方法のポイントは，予測期間以降の成長率です。フィリピンの事業計画で見込んだ年率4％の成長率は，日本円で何％になるでしょうか。日本とフィリピンの相違は金利差です。金利差は，経済のインフレ率や成長率

を反映していると考えられます。一般的に,金利の低い国は成長率が低く,金利の高い国の成長率は高くなります。

ここでも,金利差に注目して,成長率を変換します。図表4.7の下枠の太線で囲った箇所をみてください。フィリピンの成長率を日本の成長率に直してあります。数値例では,フィリピンの成長率と金利が等しいため,日本の成長率も金利に一致します。成長率が金利より低い場合でも,同様の変換式を用いることができます。

予測期間のFCFを円に換算し,成長率も円に直しました。いずれも金利差での調整です。日本円建ての資本

図表4.7 クロスボーダーの企業価値評価：FCFの変換

年	1	2	3	4以降
①FCF（百万PHP）	200	240	200	4%成長
②為替レート（円／PHP）	3.88	3.77	3.66	
FCF（①×②）（百万円）	777	905	733	1%成長
TV3（百万円）	$\frac{733(1.01)}{0.06-0.01}=14,801$			
EV（百万円）	$\frac{777}{1.06}+\frac{905}{1.06^2}+\frac{733}{1.06^3}+\frac{14,801}{1.06^3}$ $=14,582$			

- フィリピン金利＝4.0%,日本金利＝1.0%,フィリピン成長率＝4.0%
- 円建てFCFの成長率

    ＝ (1＋フィリピン成長率) × [(1＋日本金利) ÷ (1＋フィリピン金利)] － 1

    ＝ (1.04) × [(1.01) ÷ (1.04)] － 1 ＝ 1.0%

コストを用いて，企業価値評価を行うと，14,582百万円になります。図表4.6と同じ結果が得られます。

4　クロスボーダーのリスク

(1)　カントリーリスク

　図表4.4や図表4.7では，円建て換算したフィリピン事業のFCFを日本の資本コストで評価しました。フィリピンの事業の資本コストは，実質的に日本の資本コストと同じという扱いです。資本コストが同じということは，リスクも等しいことを意味します。しかしながら，フィリピンなどの新興国におけるビジネスは，先進国である日本のビジネスより，ハイリスクであると思えます。

　理由の一つは，新興国の国家や政治に対する信用が，先進国より低いことです。政治体制や規制が変わると，取引契約や金融契約が反故にされ，資金が回収できないことがあります。ビジネスの継続が困難になり，利益やFCFが，当初の見込みに比べて大きく落ち込むこともあります。

　もう一つの理由は，産業やビジネスに関するリスクです。国家や政治が安定していても，その国の産業やビジネスが未発達であれば，事業計画やFCF計画の信憑性は低くなります。収益の見通しが立てにくいといってもよいでしょう。新興国におけるリスクは，先進国より大きいと考えられます。

　これらのリスクは，いずれも国に原因があるため，カントリーリスクとよばれます。新興国のカントリーリスクは，先進国に比べて大きいといえます。カントリーリ

スクは,国のリスクです。入門書である本書では,カントリーリスクの指標を2つ紹介します。1つは,国債の格付と信用スプレッドです。国債の格付は,独立した複数の格付期間が行っており,客観性と公平性があります。データの入手可能性も高いといえます。企業の負債コストと同様に,資本市場では,格付情報に基づいたカントリーの信用スプレッドが形成されます。負債の資本コストにおける信用スプレッドについては,第2章3節を復習してください。

もう1つは,株式市場のデータを用いた指標です。先進国のように産業が安定している国では,株式市場の変動が相対的に小さくなります。産業やビジネスの成長率が高い新興国や,発展途上にあるフロンティア国では,株式市場の変動が相対的に大きくなります。

先進国,新興国,フロンティア国という用語を使いましたが,分類の仕方に統一的な基準はありません。一例として,図表4.8に,MSCI株価指数の構成国による分類を紹介しておきます。MSCI株価指数は,モルガン・スタンレー・キャピタル・インターナショナル社が提供しているインデックスです。

(2) ソブリンスプレッド

一般的に,新興やフロンティアとよばれる国が発行する国債は,先進国の国債より信用リスクが高くなります。国の信用リスクは,カントリーリスクといえます。信用リスクが高い国は,格付が低くなり,他のカントリーの国債と比較して,コストが高くなります。国債のコストは,金利や利回りです。第2章で述べた企業の負

第4章 クロスボーダー・バリュエーションの基礎

図表 4.8 先進国・新興国・フロンティア国の分類例

分類	国名・地域名
先進国市場	オーストラリア, オーストリア, ベルギー, カナダ, デンマーク, フィンランド, フランス, ドイツ, 香港, アイルランド, イスラエル, イタリア, 日本, オランダ, ニュージーランド, ノルウェー, ポルトガル, シンガポール, スペイン, スウェーデン, スイス, 英国, 米国
新興国市場 (Emerging)	ブラジル, チリ, 中国, コロンビア, チェコ, エジプト, ギリシャ, ハンガリー, インド, インドネシア, 韓国, マレーシア, メキシコ, ペルー, フィリピン, ポーランド, ロシア, 南アフリカ, 台湾, タイ, トルコ
フロンティア国市場 (Frontier)	アルゼンチン, バーレーン, バングラディシュ, ブルガリア, クロアチア, エストニア, ヨルダン, カザフスタン, ケニア, クウェート, レバノン, リトアニア, モロッコ, モーリシャス, ナイジェリア, オマーン, パキスタン, カタール, ルーマニア, セルビア, スロベニア, スリランカ, チュニジア, ウクライナ, UAE, ベトナム

(出所) MSCIの株価指数の分類 (2014年) をもとに作成。データソースは, Bloomberg社

債コストと同じ考え方です。

図表4.9は, 国債のスプレッドによるカントリー・リスクプレミアム (Country Risk Premium：CRP) を図示したものです。リスクフリー・レートは, アメリカ国債の利回りです。アメリカ国債はドル建てですので, 他の国についても, ドル建て国債を用います。ドル建て国債には, アメリカで発行する米ドル建て国債やアメリカ以外の市場で発行するユーロドル建て国債などがあります。通貨をドルに合わせることで, 実質的な比較が可能になります。

図表 4.9　格付とカントリー・リスクプレミアム

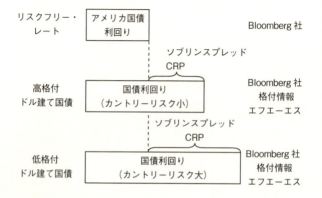

図表 4.9 では，CRP をソブリンスプレッド（Sovereign Spread）で数値化してあります。国債や政府保証債は，ソブリン債とよばれます。各国のドル建てソブリン債の利回りがアメリカ国債の利回りを超過する部分が，ソブリンスプレッドです。ソブリン債は，発行国の信用度に応じて格付されます。格付の高い国は，スプレッドが小さくなります。格付の低い国は，大きなスプレッドが要求されます。

カントリーはリスク別に分類されており，スプレッドは競争的な資本市場で決まります。これら2つの好ましい性質をもつソブリンスプレッドは，カントリー・リスクプレミアムの代表的な指標になっています。

国際会計基準（IFRS）の教育マテリアルにおいても，カントリー・リスクプレミアムとして，ソブリンスプレッドの数値例が紹介されています。図表 4.10 は，その

第4章 クロスボーダー・バリュエーションの基礎

図表 4.10 IFRS 教育マテリアルにおける
ソブリンスプレッド（英文）

Example 14—'Country bond default spread' or 'Sovereign spread model'

Country C1 is an emerging country whose debt was rated Ba1/BB+ in the measurement date. Country C2 is a developed country. Country C1's ten-year government bond denominated in the currency of Country C2 was priced to yield 6.30 per cent, which was 2.50 percent more than the risk-free interest rate (3.80 per cent) on a ten-year Country C2 government bond at the measurement date.

The required premium in Country C2 is 4.50 per cent. As a result, the required premium for Country C1, denominated in the currency of Country C2, is estimated to be seven per cent at the measurement date (4.50% + 2.50% = 7.00%).

（出所） IFRS (2012), "Educational material on fair value measurement" IFRS Foundation Publication Department, p.45

設例14—国債デフォルト・スプレッド または ソブリンスプレッド・モデル

　C1国は新興国で、国債の格付が20X3年12月（評価基準日）において、Ba1/BB+であった。C2国は先進国である。C1国のC2国通貨建ての10年国債の利回りは6.3%、C2国の10年物国債の金利（リスクフリー・レート）は3.8%であった。C1国のソブリンスプレッドは、2.5%である。先進国であるC2国のビジネスの資本コストが4.5%であるとき、C1国のビジネスの資本コストは、C2国通貨建てで7.0%（＝4.5%＋2.5%）になる。

（出所） IFRS（2012年）「公正価値測定に関する教育マテリアル」pp.48-49

原文（英語）です。C1国を新興国やフロンティア国、C2国をアメリカとみなして読んでください。下枠は日本語訳です。

(3) ソブリンスプレッドの算出

　ソブリンスプレッドの実務的な問題は、つねにすべて

のカントリーが，ドル建てソブリン債を発行しているとは限らないことです。そこで，何らかの方法を用いて，ソブリンスプレッドを推定する必要がでてきます。標準的な方法は，負債の資本コストと同様に，格付とスプレッドを組み合わせることです。

図表 4.10 の例と同様に，ある新興国 C1 国の格付が BB+ であるとしましょう。現在，C1 国はドル建てのソブリン債を発行していません。そのため，C1 国のソブリンスプレッドを直接観察することはできません。もし，市場に BB+ の格付をもつ他の国が発行しているドル建てソブリン債があれば，そのスプレッドを C1 国のスプレッドとみなすことができます。市場に適切な BB+ のソブリン債がない場合は，利用可能なデータを用いて，格付とソブリンスプレッドの関係を推定します。

図表 4.11 は，筆者たちが推定した格付とソブリンスプレッドのモデルです。横軸は，格付を数値化したものです。Aaa はゼロ，Baa3 は 42 という具合です。図表中の点は，実際に観察された格付とスプレッドの組み合わせをプロットしたものです。過去数年間のデータを用い，図表中の右上がりの曲線を推定しました。

図表 4.12 は，図表 4.11 のモデルから得られるソブリンスプレッドの一例です。各国の最新の格付（図表 4.12 では Moody's 社の格付を適用）とソブリンスプレッドを示しました。スプレッドの列には，推定値（平均値）とレンジ（平均値 ± 1 標準偏差）を記載しています。

(4) 相対ボラティリティ

株式市場のデータを用いたカントリーのリスク指標の

第4章 クロスボーダー・バリュエーションの基礎

図表4.11 ソブリンスプレッドの推定

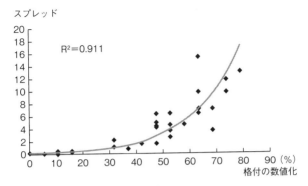

(出所) エフエーエス (info@fa-service.jp)

図表4.12 ソブリンスプレッドの実例

国	格付 (M社)	スプレッド推定値とレンジ (±1標準偏差)
オーストラリア	Aaa	0%
インドネシア	Baa3	2.04% (1.83〜2.27)
マレーシア	A3	1.04% (0.95〜1.14)
タイ	Baa3	2.04% (1.83〜2.27)

(出所) エフエーエス (info@fa-service.jp)

一つは,相対ボラティリティ (relative volatility) です。相対ボラティリティは,二国間の株式市場のボラティリティの比率です。ボラティリティとは変動です。多くの場合,収益率の標準偏差を用います。

新興国やフロンティア国のビジネスは,成長ポテンシャルがある反面,ハイリスクが伴います。商法や経済法が未整備であったり,コンプライアンスやビジネスマナー

が遵守されなかったりするためです。カントリーにおけるビジネスリスクは,株価に反映されます。先進国に比べて,新興国やフロンティア国の株式市場は,ボラティリティが大きくなると考えられます。ハイリスク・ハイリターンの原則より,新興国のマーケット・リスクプレミアムも大きくなるでしょう。これが,相対ボラティリティの考え方です。

相対ボラティリティは,1980～90年ごろ,アメリカの投資銀行が使い始めたといわれています。アメリカの企業が,新興国の企業買収を行う際に用いられたようです。まさに,クロスボーダーのバリュエーションにおける実務的なモデルです。実務的というのは,CAPMほど理論的な根拠が強くないためです。

ソブリンスプレッドは,アメリカの国債利回りを基準にしました。相対ボラティリティでは,アメリカの株価指数（S&P500など）を基準にしましょう。必ずしもアメリカにこだわる必要はありません。日本の株価指数やグローバルな株価指数を基準にしても,以下と同様の分析が可能です。

図表 4.13 は,相対ボラティリティの例です。まず,アメリカと新興国の株価指数のボラティリティ（収益率の標準偏差）を求めます。通貨を統一するため,新興国の株価指数をドル建てに換算して,ボラティリティを求めるとよいでしょう。有料ですが,Bloomberg社の端末を用いると,ドル建ての株価指数のデータが取得できます。

次に,相対ボラティリティを計算します。分母はアメリカ,分子は新興国のボラティリティです。新興国やフ

第4章　クロスボーダー・バリュエーションの基礎

図表4.13　相対ボラティリティの数値例

- アメリカ株価指数のボラティリティ＝20％（過去5年60ヵ月のデータより算出）
- 新興国株式市場のボラティリティ＝24％（過去5年60ヵ月のデータより算出）
- 相対ボラティリティ＝24÷20＝1.2
- アメリカのマーケット・リスクプレミアム＝6.0％
- 新興国のマーケット・リスクプレミアム＝1.2×6.0％＝7.2％
- カントリー・リスクプレミアム＝1.2％

図表4.14　相対ボラティリティの実例

	フィリピン	タイ	ベトナム	インドネシア
相対ボラティリティ	1.4	1.6	1.8	1.9

（注）　データソースはBloomberg社．期間は2009年〜13年の5年間
（出所）　エフエーエス（info@fa-service.jp）

ロンティア国の相対ボラティリティは，たいていの場合，1.0を上回ります。求めた相対ボラティリティを，アメリカのマーケット・リスクプレミアムにかけます。この値が，新興国のマーケット・リスクプレミアムになります。相対ボラティリティが1.0より大きければ，新興国のマーケット・リスクプレミアムは，アメリカより大きくなります。両者の差は，カントリーのビジネスリスクに起因するリスクプレミアムと解釈できます。

　図表4.14は，新興3ヵ国（フィリピン，タイ，インドネシア）とフロンティア1国（ベトナム）の相対ボラティリティの実例です。各国株価指数のボラティリティは，月次収益率の標準偏差を年率に換算して算出します。図表4.14の実例では，60ヵ月（5年）のデータを用いました。新興国やフロンティア国では，株式市場の歴史が浅

く,年間収益率のデータは60個もとれません。標準偏差の計算には,月次データを利用することができるため,歴史が浅いという問題を気にする必要はありません。

相対ボラティリティは,ソブリンスプレッドと同様に,国際会計基準（IFRS）の教育マテリアルで紹介されています。

(5) その他の注意点

新興国やフロンティア国の情報開示は,先進国ほど進んでいません。財務会計制度や法令,ビジネス慣行などが,先進国と異なることもあります。そのため,バリュエーションにおいては,財務や法務のデューデリジェンス（精査）をしっかり行うことが必要です。デューデリジェンスの費用が少々高くついても,後で後悔するよりは,事前にしっかりと調査する方がよいでしょう。

株主権についても注意が必要です。日本では,過半数の賛成で可決できるものが2/3の賛成が必要であったり,全員一致が原則であったりすることがあります。やはり,事前の調査が必要です。

資本コストを参考にしたり,マルチプルを比較したりする類似上場企業（コンプス）が少ないという問題もあります。その場合は,業種を拡大したり,政治や経済が似ている近隣諸国の類似上場企業を探したりします。

クロスボーダーのバリュエーションでは,エンタープライズDCF法という基本を守りながら,いくつかの注意と工夫が必要になります。

(6) 新興国の資本コスト

カントリーやカントリーのビジネスに起因するリスクは，FCFの変動や予測の困難さをもたらします。エンタープライズDCF法では，このリスクを資本コストに追加します。ソブリンスプレッドや相対ボラティリティは，資本コストに反映されます。数値例を用いて，具体的な計算方法を説明しましょう。通貨はドル建てとしますが，円建てでも同様です。

マレーシアにおけるバリュエーションを考えます。図表4.15は，資本コストの算出に必要なデータです。リスクフリー・レートはアメリカ長期国債の利回りになります。アメリカ株式市場のマーケット・リスクプレミアム（MRP）は，ヒストリカルデータを用いて算出します（第2章3節参照）。マレーシアのソブリンスプレッド（CRP）と相対ボラティリティは，上で説明した方法で計算します。ベータは，アメリカのMRPに対する値です。評価対象のベータがない場合は，アメリカ市場に上場している類似企業の値を用います。マレーシアの現地通貨は，マレーシアリンギッド（MYR）です。マレー

図表4.15 マレーシアのバリュエーション：資本コスト関連データ

- Rf：アメリカ国債の利回り＝2%（ドル建て）
- CRP：マレーシア格付A3（A－），A3（A－）格付のソブリンスプレッドは1.0%
- MRP：アメリカのマーケット・リスクプレミアム＝6.0%（S&P500）
- β：評価対象の企業や事業のベータ（対アメリカ株価指数）＝0.8
- RV：相対ボラティリティ＝1.2
- マレーシアの国債利回り＝4%（現地通貨建て）
- マレーシア・リンギッド（MYR）の為替スポットレート＝3.0MYR/$

図表 4.16　株式資本コストの算出：4 つのモデル

モデル	資本コストの算出 (ドル建て)	資本コストの変換 (MYR 建て)
CAPM (グローバル CAPM)	[Rf+β・MRP] 2.0%+0.8×6.0%=6.8%	(1.068)×(1.04)/(1.02)−1 =8.9%
ソブリン スプレッド	[Rf+CRP+β・MRP] 2.0%+1.0%+0.8×6.0% =7.8%	(1.078)×(1.04)/(1.02)−1 =9.9%
相対 ボラティ リティ	[Rf+β・(RV×MRP)] 2.0%+0.8×(1.2×6.0%) =7.76%	(1.0776)×(1.04)/(1.02)−1 =9.9%
ソブリン スプレッド と相対 ボラティ リティ	[Rf+CRP+β・(RV×MRP)] 2.0%+1.0%+0.8×(1.2× 6.0%)=8.76%	(1.0876)×(1.04)/(1.02) −1=10.9%

シアの国債利回りと為替レートは，金利平価による資本コストや FCF の変換に用います。

図表 4.16 には，4 つのモデルと計算を示しました。いずれもドル建てのパーセント（%）になります。カントリー固有のリスクがない場合，CAPM が成立します。グローバルレベルで資本市場が統合されれば，カントリー固有のリスクは，分散投資によって消滅します。このような状況で成立する CAPM を，グローバル CAPM（Global CAPM）といいます。グローバル CAPM による資本コストは，追加的なリスクプレミアムがないため，最も低くなります。

ソブリンスプレッドを考慮した資本コストは，グローバル CAPM にソブリンスプレッドを加えた値です。ソ

第4章 クロスボーダー・バリュエーションの基礎

ブリンスプレッドは，企業間や事業間で共通です。

相対ボラティリティ・モデルでは，マーケット・リスクプレミアムに相対ボラティリティを乗じます。ベータは企業や事業によって違うため，追加的なリスクプレミアムも一律ではありません。企業や事業によって異なります。ソブリンスプレッドと相対ボラティリティの相違点です。

ソブリンスプレッドと相対ボラティリティを同時に用いることもあります。この場合，資本コストは最も大きくなります。

図表4.16には，各モデルのリンギッド建ての資本コストも示しました。金利差を用いて変換してあります。FCF計画が現地通貨建ての場合，現地通貨建ての資本コストを用いてバリュエーションを行います。金利平価を用いて，FCF計画をドル建てに変換することもできます。その場合，ドル建ての資本コストを割引率にして価値評価を行います。現地通貨建てでも，ドル建てでも，正しい調整を行えば，同じ結果が得られます。

第5章

企業価値評価の実践

- 経営戦略分析に基づいた M&A を想定し,実践的な企業価値評価について解説します。
- 評価対象企業の経営状態と資産内容を精査し,各項目について客観的で現実的な前提をおいて,フリー・キャッシュフロー(FCF)計画を立案します。
- 企業価値評価の実践では,レバレッジ(負債利用)の影響を考慮します。資本コストの算出では,株式ベータから資産ベータを求めたり,資産ベータを株式ベータに変換したりすることで,レバレッジの影響を調整します。
- 企業価値評価の実践では,膨大な数字を用いて,多数の計算を行います。そのため,何をしているのか,何をすればいいのか,迷うことがあるかもしれません。そのようなときは,企業価値評価の基礎とエッセンスを思い出しましょう。

第5章と第6章は,企業価値評価の実践編です。本書では,企業価値を定量的に評価する方針をとっています。そのため,実践編では,これまで学んだことに加え,若干の数式等が必要になります。せっかくの機会ですので,正しく理解して,きちんと使えるようになってください。

本書の姉妹本『コーポレート・ファイナンス入門』でとりあげたカフェスタンドの開業や事業の拡大のケースをここでも使います。経営陣は,資本コストや投資のNPVを意識しながら,企業価値の向上に取り組んできました。気が付けば,開業から20年が経過しました。近年では,M&Aが経営戦略の手段として定着した感があります。企業価値評価に対するニーズも強くなっています。それでは,企業価値評価の実践編を始めましょう。

1　極秘プロジェクトX

(1) 現状と目標

カフェビジネスを始めて20年が経過しました。ちょうど3年前には,念願だった株式公開も果たしました。基本戦略は,差別化戦略です。差別化要因は,充実した商品ラインナップと創業来構築してきたブランド力やノウハウにあります。

紆余曲折はありましたが,これらの差別化要因により,平均的に高い収益力を維持してきました。しかしながら,競合他社も同様の戦略を行うようになり,これからは競争の激化が懸念されます。業界内のライバル社だけでなく,異業種とみなしていたコンビニエンスストアが,低

価格で高品質な商品を武器にカフェ事業を進めており，競合しつつあります。

このような現状を踏まえると，さらに経営を強化することが必要になります。そこで，資本効率を高めつつ，事業エリアを拡大するという経営目標を掲げました。資本効率の向上には，ROIC（投下資本利益率）を高めることに加え，余剰資金を活用することが必要です。事業エリアの拡大は，首都圏に集中している店舗を他の地域で展開することです。中長期的には，海外進出も視野に入れています。

(2) 強みと弱みの分析

現状と目標にはギャップがあります。ギャップを解消するためには，まず当社について理解を深める必要があります。そこで，当社の強みと弱みを分析することにしました。企業のリスクは，事業リスク（ビジネスリスク）と財務上のリスク（財務リスク）に大別されます。当社について，事業と財務の双方から分析します。

事業の強みは，ブランド力，充実したドリンクメニュー，高付加価値の商品を創り出すノウハウ，人材，経験，マーケティング力などです。強みを生かした事業は，継続的に安定的なキャッシュフローという成果をもたらしました。現在では，有利子負債は返済し，安定的な配当を行っています。余剰なキャッシュは，現預金として保有しています。この財務健全性は強みです。ただし，余剰資金の活用は課題だと考えています。

事業の弱みとして，高年齢層の顧客に対する知名度の低さがあげられます。若年層に対するブランドは強いの

で，今後は幅広い年齢層への知名度の向上とブランドの浸透が課題です。

当社のカフェ店舗は，首都圏に集中しています。成長過程では強みだと認識していましたが，市場が成熟しつつある現在では，弱みになりつつあります。当初は，集客力の高い首都圏での出店攻勢が功を奏しました。しかし，競合他社も店舗展開を行ったため，首都圏での競争が激化し，顧客の奪い合いになりました。今後は，新規顧客を獲得するため，首都圏以外のエリアへの出店を検討する必要があります。他のエリアにおける情報が不足しているため，情報を収集し，出店エリアの絞り込みを行っていく予定です。

(3) 機会と脅威の分析

経営戦略とは，自社の内部要因を外部環境に適合させ，企業価値の向上を実現することです。強みと弱みの現状分析を行ったので，次に外部環境を分析します。第3章で紹介したSWOT分析によると，企業の外部環境は，機会と脅威からなります。

企業にとっての機会は，ビジネスチャンスになるものです。当社のブランドと商品力をいかした事業展開は，今後もキーファクターになると考えています。店舗は首都圏に集中しているため，他のエリアに出店する余地があります。首都圏以外でもカフェのニーズはあります。シンプルですが，このポテンシャルを機会と考えます。首都圏以外の地域への出店戦略が，今後の課題です。

海外進出も成長機会です。多くの日本企業が海外に進出しており，海外駐在の日本人が増えています。また，

日本企業の進出地域は,集中している傾向があります。駐在員の間では,日本食に次いで,和製カフェのニーズがあるようです。日本国内で培ったブランドを,海外でいかす顧客基盤があると考えてよいでしょう。すでに海外に進出している同業他社もあります。海外への進出を本格的に検討する時期にきています。

脅威としては,カフェ事業に対する参入障壁の低さがあります。コンビニエンスストアがカフェ事業に参入したように,集客可能な店舗にドリップマシーンを備え,原材料を調達できれば,事業を始めることができます。参入障壁の低さは,カフェスタンドを始めた当社の経験からも実感しています。日本でカフェ文化が浸透するにつれ,参入企業が増えてきました。当社は参入が早く,カフェ文化の浸透とともに店舗を拡大できたというタイミングに恵まれ,ビジネスを拡大することができました。現時点では,差別化要因によって競争優位を得ています。競争優位を持続することは困難です。いずれ,優位性は低下するでしょう。事業には寿命があります。しかし,企業活動は継続していかねばなりません。

(4) SWOT分析と経営方針

内部要因と外部環境を適合させるSWOT分析の結果,首都圏以外のエリアへの迅速な店舗展開を進めることに決定しました。中期的には,アジアへの進出を経営方針とし,その準備として海外事業部を創設します。当面,カフェ事業に集中し,ロケーション戦略で企業価値の向上を目指すという経営方針です。

現在,首都圏のカフェ事業は,安定的に利益とキャッ

シュを生み出しています。しかし，異業種参入などによる競争の激化で，収益率と成長率の低下が懸念されます。成長率の低下は，首都圏ビジネスが，PPM（Product Portfolio Management）でいう「金のなる木」になりつつあることを示唆しています。実際，財務的な強みである余剰資金の増加は，キャッシュは生むが，価値を付加する投資案件が少なくなっていることの表れです。SWOT分析の結果をPPM分析でも確認しました。事業と製品は集約化し，市場（ロケーション）を拡大する経営方針は，アンゾフの多角化マトリックスの一つでもあります。経営方針が固まりました。

リスクなくしてリターンなし，投資なくして成長なしです。当面は，首都圏以外のエリアへの出店を積極的に進めます。経営戦略をスピーディーに実践するため，M&Aも行います。M&Aの目的は，時間を買うことにあるといわれます。海外進出にはリスクがともなうため，資本・業務提携という形で事業展開することも視野に入れておく必要があります。

(5) プロジェクトX

経営戦略を定め，店舗投資とM&Aの計画を発表すると同時に，証券会社からX社の株式取得案件の提案がありました。

X社は，カフェ事業を営む同業の非上場会社で，店舗数は当社の1割程度（50店舗），出店エリアは，当社とほとんど重複していません。また，店舗はすべて自社所有であり，立地と集客力は悪くないようです。ただし，ブランドが弱く，店舗数が少ないために規模の経済性が

機能していません。黒字であるものの,利益率は低い状態が続いています。コンビニエンスストアなどの参入によって,利益率は年々悪化しています。店舗投資をするほどの財務力もありません。X社の取引銀行が,赤字になる前に事業売却することを提案し,経営者が同意したようです。いったん赤字になると,事業の売却は困難になります。売却できたとしても,価格はかなり安くなるでしょう。

　証券会社によると,本件は入札案件で,競合他社も応札することが予想されています。経営企画スタッフの分析では,当社のブランド力とマネジメントノウハウをいかすことで,X社の利益率や収益力を高めることができそうです。ロケーション面では,当社と重複することはなく,当社の売上や利益に与える悪影響は,ほとんどありません。本件は,当社の強みをいかして,X社の弱みを克服できる可能性が高いプロジェクトであると考えられます。X社が展開している首都圏以外のエリアに,当社が新規出店する足がかりにもなりそうです。逆に,X社が競合他社に買収された場合,基本方針であるエリア拡大戦略の障害が高まりかねません。このように,本件には防衛的な手段という意味もあります。

　以上の社内検討を踏まえた結果,経営戦略との整合性がとれる本件に応札することにしました。プロジェクトXのスタートです。そういえば,『コーポレート・ファイナンス入門』では,成長の足がかりとなるカフェ店舗への投資が,プロジェクトXでした。今回は,M&A案件がプロジェクトXです。

2 企業の分析

(1) 貸借対照表の分析

数日後,X社と秘密保持契約を締結し,同社の決算書を入手しました。評価基準日におけるX社の貸借対照表の要約は,図表5.1のとおりです。

エンタープライズDCF法では,営業利益ベースのFCFに注目します。そのため,貸借対照表の項目を,営業利益ベースのフリー・キャッシュフロー(FCF)をもたらす事業資産と,そうでない非事業資産に分類するのが便利です。図表5.2が,その分類です。図表5.2では,現金及び預金を運転資本に含めています。事業活動をスムーズにワークさせるために必要な現預金という扱いです。評価基準日において,運転資本以外の余剰現金はありません。貸借対照表には,その他流動資産やその

図表5.1 評価基準日におけるX社の要約貸借対照表

(単位:百万円)	評価基準日	(単位:百万円)	評価基準日
現金及び預金	50	仕入債務	350
売上債権	250	その他流動負債	30
たな卸資産	175	流動負債	380
その他流動資産	45	長期借入金	1,000
流動資産	520	固定負債	1,000
有形固定資産	2,905	負債合計	1,380
固定資産	2,905	純資産	2,045
資産合計	3,425	負債及び純資産合計	3,425

他流動負債があります。これらも，FCFに関係する項目であれば，運転資本に含めます。

図表5.1の固定資産のうち，土地45百万円は賃貸しています。賃貸収入は本業以外の営業外収益であり，営業利益ではありません。そのため，FCFとは無関係という扱いになります。図表5.2では，非事業資産に分類

図表5.2 事業資産と非事業資産の分類

（単位：百万円）	評価基準日	運転資本	事業用固定資産	非事業資産	有利子負債
現金及び預金	50	50	—	—	—
売上債権	250	250	—	—	—
たな卸資産	175	175	—	—	—
その他流動資産	45	45	—	—	—
流動資産	520	520	—	—	—
有形固定資産	2,905	—	2,860	45	—
固定資産	2,905	—	2,860	45	—
資産合計	3,425	520	2,860	45	—
仕入債務	350	350	—	—	—
その他流動負債	30	30	—	—	—
流動負債	380	380	—	—	—
長期借入金	1,000	—	—	—	1,000
固定負債	1,000	—	—	—	1,000
負債合計	1,380	380	—	—	1,000
純資産	2,045	140	2,860	45	(1,000)
負債及び純資産合計	3,425	520	2,860	45	—

```
事業資産＝正味運転資本＋事業用固定資産
     ＝（520 − 380）＋ 2,860 ＝ 3,000
```

しています。

(2) 含み損益の分析

賃貸している非事業用の土地45百万円は，70百万円で第三者に売却することが可能です。不動産鑑定士の評価額も，概ねその程度になっています。事業上使用している土地にも，含み益が100百万円あるということです。X社によると，上記以外に簿価と時価が異なる資産や負債はありません。このことは，財務と法務のデューデリジェンスによって，確認されています。

3 フリー・キャッシュフロー計画

(1) 損益計算書

X社が作成し，X社の取締役会で承認された損益計算書は，次のような前提に基づいています。

- 新規出店は行わず，50店舗で横ばい。
- 店舗当たりの売上高は100百万円で横ばい。
- 売上高総利益率は直近の実績と同水準の65%で横ばい。
- 販売費及び一般管理費は，人件費，減価償却費，賃借料，その他に区分される。人件費，賃借料及びその他の費用は，直近の実績と同額。減価償却費は，計画期間における設備投資を考慮した値を計上。
- 営業外収益として，毎期2百万円の非事業用の土地賃貸収入を見込む。

上記のX社が作成した損益計画では，概ね実績値が横ばいとされています。直近の営業利益は300百万円，

税引後営業利益は180百万円（300百万円×（1 − 0.4））になります。

後述するように，X社の事業に適用する資本コスト（WACC）は6.0%です。税引後営業利益が永続する場合のX社の事業価値は，3,000百万円（180 ÷ 0.06）になります。この値は，図表5.2の事業資産の簿価とほぼ同額です。X社のスタンドアローンの事業計画によると，事業資産簿価を上回る価値は，創造されないことになります。

(2) シナジー効果

買収先のX社の課題は，収益性の低さです。X社が単独で事業を営む場合（スタンドアローン）の企業価値評価額は，それほど高くなりません。ただし，今回は入札案件で，同業ライバル社との競合になります。そのため，下限価格であるスタンドアローンの評価額ではなく，上限価格を意識することが重要です。上限価格は，シナジー効果を含む評価額になります（第3章6節を参照）。

先の分析から，ブランドを利用してX社店舗の集客力を高めることができそうです。店舗運営ノウハウや規模の経済性をいかしたコスト削減と収益率の向上も可能であると考えています。一方，投資や費用も必要になります。具体的には，店舗とドリップマシーンへの投資，従業員の増強による人件費の増加，ブランド投資，その他の諸経費が見込まれます。

図表5.3は，シナジー効果と投資を考慮した損益計画です。

シナジー効果と投資を考慮した事業計画は，当社の取

図表5.3 シナジー効果を含む損益計画

（単位：百万円）	実績	1年目 （計画）	2年目 （計画）	3年目 （計画）
売上高	5,000	6,600	7,200	7,200
売上原価	1,750	1,980	2,160	2,160
売上総利益	3,250	4,620	5,040	5,040
販売費及び一般管理費	2,950	4,220	4,530	4,440
営業利益	300	400	510	600

締役会で了承されました。その際，社外取締役から，シナジー効果の実現可能性について質問がありましたが，定量分析と定性分析を交えながら，執行役員がきちんと説明しました。

(3) 投資計画とFCF計画の策定

過年度の財務分析とX社のマネジメントインタビューによると，店舗運営については，当社と大きな違いはありません。今回のM&Aによって，取引条件などに重要な変更が生じないことも確認しました。

正味運転資本として必要な手許資金は，業種特性から売上高の0.12ヵ月程度と見込めます。売上債権は売上高の0.60ヵ月，たな卸資産は売上原価の1.20ヵ月，仕入債務は2.40ヵ月と予測できます。たな卸資産が売上原価の1.20ヵ月ということは，仕入から1.20ヵ月で売上になる（資産が回転する）ということです。その他流動資産とその他流動負債は，評価基準日における残高が維持されると想定します。これらの前提に基づいて，FCFの予測期間における運転資本計画を図表5.4のように作成し

第5章 企業価値評価の実践

図表 5.4 運転資本計画

(単位：百万円)	関連損益項目	回転期間	評価基準日（実績）	1年目末（計画）	2年目末（計画）	3年目末（計画）
必要手許資金	売上高	0.12ヵ月	50	66	72	72
売上債権	売上高	0.60ヵ月	250	330	360	360
たな卸資産	売上原価	1.20ヵ月	175	198	216	216
その他流動資産	—	一定	45	45	45	45
仕入債務	売上原価	2.40ヵ月	(350)	(396)	(432)	(432)
その他流動負債	—	一定	(30)	(30)	(30)	(30)
正味運転資本残高			140	213	231	231
正味運転資本の増加				73	18	—
売上高			5,000	6,600	7,200	7,200
売上原価			1,750	1,980	2,160	2,160
売上総利益			3,250	4,620	5,040	5,040

ました。

　FCF計画には，設備投資（店舗投資など）と減価償却費の計画も必要です。予測期間の1年目と2年目にそれぞれ5店舗の出店を見込み，店舗のブランド力と収益力の強化を行います。主に，新規出店投資と減価償却費からなる事業用の有形固定資産の計画は，図表5.5のとおりです。

　営業利益，運転資本，設備投資，減価償却費の4項目がそろいました。図表5.6は，M&A後のシナジー効果を含むX社のFCF計画です。予測期間は3年です。その間にシナジー効果を実現し，その後は安定的な業績になると計画します。

図表 5.5　固定資産計画

(単位：百万円)	1年目 (計画)	2年目 (計画)	3年目 (計画)
期首残高	2,860	3,187	3,369
CAPEX	787	642	450
減価償却費	460	460	450
期末残高	3,187	3,369	3,369

図表 5.6　FCF 計画

(単位：百万円)	1年目 (計画)	2年目 (計画)	3年目 (計画)
①売上高	6,600	7,200	7,200
②売上原価	1,980	2,160	2,160
③売上総利益 ［①-②］	4,620	5,040	5,040
④販売費及び一般管理費	4,220	4,530	4,440
⑤営業利益 ［③-④］	400	510	600
⑥法人税等	160	204	240
⑦ NOPAT ［⑤-⑥］	240	306	360
⑧正味運転資本の増加	73	18	―
⑨減価償却費	460	460	450
⑩ CAPEX	787	642	450
FCF ［⑦-⑧+⑨-⑩］	- 160	106	360

・1年目の FCF = 240 - 73 + 460 - 787 = - 160
・2年目の FCF = 306 - 18 + 460 - 642 = 106
・3年目の FCF = 360 - 0 + 450 - 450 = 360

第5章　企業価値評価の実践

4　資本コストの算出

　エンタープライズ DCF 法では，FCF を加重平均資本コスト（WACC）で割り引きます。実践では，法人税があるため，負債の節税効果を考慮した（2.7）式の WACC を使います。下記に再掲しました。負債の節税効果は，負債の資本コストを税引後にすることで反映します。計算例は，図表 2.11 にあります。復習しながら，実践に取り組んでください。

　WACC＝(負債比率)×(税引後負債コスト)
　　　　＋(株式比率)×(株式の資本コスト)

(1)　資産ベータ

　評価対象企業が上場していれば，その企業のベータ値を参考にすることができます。実践では，ベータの精度向上や検証のため，複数の類似上場企業のベータを分析します。評価対象企業が非上場の場合は，その企業のベータを入手することができません。類似上場企業のデータを参考にして，ベータを決定することになります。いずれにせよ，実務では，複数のコンプスのベータを分析します。

　株式市場で観察されるベータを，株式ベータといいます。第2章4節で説明したように，株式ベータはレバレッジ（資本構成）の影響を含みます。そのため，レバードベータともいわれます。

　類似企業の資本構成は，各社の財務政策によって異な

ります。そこで，資本構成の影響を除き，事業リスク（ビジネスリスク）のみを反映したベータを求めます。これをアンレバードベータといいます。財務リスクを排除して，ビジネスリスクを浮き彫りにしたものです。

レバードベータ（株式ベータ）から，レバレッジの影響を除いたアンレバードベータは，資産ベータともよばれます。株式ベータを資産ベータに変換することを，ベータのアンレバード化といいます。

資産ベータ（アンレバードベータ）は，財務リスクを除いたビジネスリスクの指標です。図表2.15の数値例で示したように，同じビジネスを営む企業では，株式ベータが異なっていても，資産ベータの値はほぼ等しくなります。実践では，複数の類似企業の資産ベータの平均値や中央値を用います。類似企業間で資産ベータのばらつきが大きい場合には，類似企業の選定を見直すことがあります。

(2) 資産ベータと株式ベータ

資産ベータが求まると，評価対象企業の資本構成を反映させて，株式ベータを求めます。アンレバード化に対して，リレバード化やレバード化といいます。アンレバード化とリレバード化のプロセスは，図表5.7のようになります。

図表にも示しましたが，株式ベータと資産ベータの関係には，次の式を用いることが多いようです。厳密にいうと，次の関係式は，負債水準が一定であり，負債の資本コストをリスクフリー・レートで近似できるなどの条件が必要です。これをプラクティカルアプローチとよび

第5章 企業価値評価の実践

図表5.7 アンレバード・レバードのプロセス

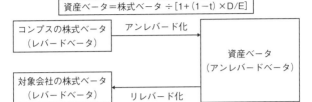

$$\text{資産ベータ} = \text{株式ベータ} \div [1+(1-t) \times D/E]$$

$$\text{株式ベータ} = \text{資産ベータ} \times [1+(1-t) \times D/E]$$

- t ：実効税率
- D ：有利子負債時価（簿価で代用）
- E ：株式時価
- D/E：デット・エクイティレシオ

ましょう。

$$\text{資産ベータ} = \text{株式ベータ} \div [1+(1-t) \times D/E]$$

$$\text{株式ベータ} = \text{資産ベータ} \times [1+(1-t) \times D/E]$$

上式において，t は実効税率（法人税率），D/E はその時点のデット・エクイティレシオです。デット・エクイティレシオは，有利子負債と株式時価総額の比率です。有利子負債の時価は，簿価で代用します。

企業によっては，有利子負債の水準ではなく，負債比率を一定にする資本政策をとることがあります。この場合，資産ベータと株式ベータの関係式は，次のようになります。

$$\text{資産ベータ} = \text{株式ベータ} \div (1 + D/E)$$

$$\text{株式ベータ} = \text{資産ベータ} \times (1 + D/E)$$

(3) 株式ベータの算出

カフェ事業を行う企業は、有利子負債の水準を一定にする資本構成をとっています。そこで、プラクティカルアプローチを用いて、カフェ事業の資産ベータを算出しましょう。図表5.8は、複数の類似上場3社（A社、B社、C社）の株式ベータから資産ベータを算出したものです。

類似上場3社の株式ベータは、1.20から1.80と広い範囲にあります。資本構成（D/Eレシオ）が異なるからです。資本構成の影響（財務的な影響）を調整した資産ベータは、1.05から1.34という狭いレンジに集約されます。図表の下には、A社のアンレバード化を示し

図表5.8　資産ベータの算出

	A社	B社	C社
①株式時価総額	5,000百万円	8,000百万円	6,500百万円
②純有利子負債	1,200百万円	9,500百万円	300百万円
③D/Eレシオ［②÷①］	0.24	1.19	0.05
④株式ベータ	1.20	1.80	1.38
⑤実効税率	40.0%	40.0%	40.0%
⑥資産ベータ {④÷［1+（1−⑤）×③］}	1.05	1.05	1.34

資産ベータの平均値　1.15

株式時価総額＝市場株価×発行済株式数
純有利子負債＝有利子負債−余剰資金及び短期保有の有価証券等

（例）A社の資産ベータ＝A社の株式ベータ（1.20）
　　　　　　　　　　÷［1+（1−40.0%）×D/Eレシオ（0.24）］
　　　　　　　　　＝1.05

ました。B社とC社については，各自で確認してください。

資産ベータの平均値は1.15です。X社が属するカフェ業界のビジネスリスクの指標は，1.15と考えることができます。実務に精通しているファイナンシャルアドバイザーに聞いても，1.15という数値に違和感はないということです。

未上場のX社は，時価ベースの負債比率を算出することができません。そこで，図表5.8の3社の中で，A社のD/Eレシオに近い0.25をX社の資本構成とみなします。買手である当社も，M&A後のX社事業の目標資本構成は，0.2～0.3程度とみています。

図表5.9は，資産ベータを1.15，資本構成（D/Eレシオ）を0.25，実効税率を40%として，リレバード化を行ったものです。図表の上は，計算シート，下は具体的な計算式です。評価対象であるX社の株式ベータは，1.32と算出されました。財務リスクの影響を加味した株式ベータは，資産ベータより高くなります。

図表5.9　X社の株式ベータ

資産ベータ	1.15
目標D/Eレシオ	0.25
実効税率	40%
株式ベータ	1.32

X社の株式ベータ＝類似会社の資産ベータの平均（1.15） 　　　　　× [1＋（1－40.0%）×目標D/Eレシオ（0.25）] 　　　　　＝ 1.32

(4) 株式資本コストと WACC の算出

株式ベータが分かると,CAPM を適用して,株式資本コストが計算できます。図表 5.10 は,株式資本コストの算出について説明したものです。計算シートと実際の計算式を示しました。

実務では,リスクフリー・レートとして長期国債利回りを使います。株式ベータは上で求めた 1.32,マーケット・リスクプレミアムはヒストリカルデータから求めた 5.0% を用いました。マーケット・リスクプレミアムは,エクイティ・リスクプレミアムといわれることもあります。計算の結果,X 社の株式資本コストは,7.2% になりました。

負債の資本コスト(税引前)は 2.0% です。税効果を考慮すると,税引後負債コストは,1.2% になります。

また,D/E レシオが 0.25 ということは,有利子負債(D)が 0.25,株式(E)が 1.0 であることを意味します。WACC の計算における負債比率は 0.2(= 0.25 ÷ (1+0.25)),株式比率は 0.8 です。これらの数値を用いて WACC を計算すると 6.0% になります。計算プロセスは,

図表 5.10 X 社の株式資本コスト

リスクフリー・レート	0.6%
株式ベータ	1.32
マーケット・リスクプレミアム	5.0%
株式資本コスト	7.2%

X 社の株式資本コスト=リスクフリー・レート(長期国債利回り) 　　　　　　　　　　　+株式ベータ×マーケット・リスクプレミアム 　　　　　　　　　= 0.6% + 1.32 × 5.0% 　　　　　　　　　= 7.2%

第5章 企業価値評価の実践

図表 5.11 X 社の WACC

税引後負債コスト	1.2%
負債比率	20.0%
株式資本コスト	7.2%
株式比率	80.0%
WACC	6.0%

```
X 社の WACC =（負債比率）×（税引後負債コスト）
            +（株式比率）×（株式資本コスト）
          = 1.2%× 20.0% + 7.2%× 80%
          = 6.0%
```

図表 5.11 に示してあります。

5 DCF 法による企業価値評価の実践

(1) 事業価値分析

　事業価値は，FCF の現在価値の合計です。図表 5.12 の上の表には，予測期間における FCF の現在価値が計算されています。実践では，表計算ソフトを使うことが多いので，図表でも計算シート様式を示しました。

　割引率は WACC の 6.0% です。図表 5.12 における各年度の割引現価係数は下の枠内のように計算しています。

　各年度の FCF に割引現価係数をかけると，それぞれの割引現在価値が算出できます。集計すると，予測期間（計画期間）における FCF の現在価値の合計になります。

　継続企業を前提とするエンタープライズ DCF 法では，ターミナルバリュー（継続価値）を算出する必要があります（第 3 章 3 節を参照）。X 社のカフェ事業には，高い成長が見込めません。シナジー効果を考慮しても，収

図表 5.12　事業価値の算定

FCF の割引現在価値
(単位：百万円)

	1年目 (計画)	2年目 (計画)	3年目 (計画)	4年目以降 (計画)
① FCF	− 160	106	360	360
② 割引現価係数 (6.0%)	0.9434	0.8900	0.8396	
③ FCF の PV [①×②]	− 151	94	302	

事業価値の分析
(単位：百万円)

	事業価値
④ 計画期間における FCF の PV	246
⑤ 継続価値 [= 360百万円 ÷ 6.0%]	6,000
⑥ 継続価値の PV = [⑤× 0.8396]	5,038
事業価値 [④+⑥]	5,283

1年目の割引現価係数：$1/(1+6.0\%)^1 = 0.9434$
2年目の割引現価係数：$1/(1+6.0\%)^2 = 0.8900$
3年目の割引現価係数：$1/(1+6.0\%)^3 = 0.8396$

益力が同業他社を大きく上回ることは期待できません。これらの理由により，継続価値の算出には，成長率がゼロである定額モデルを適用することにします。予測期間以降の成長率はゼロですが，最終年度（3年目）のFCFには，ブランド力の向上が考慮されています。そのため，継続価値にもブランド力が含まれています。ブランドは劣化するものではないため，継続価値にブランド力を反映することは，とくに問題ありません。

　定額モデルは，予測期間最終年度の期待FCFが永続すると仮定します。本件の場合，最終年度の期待FCFは360百万円です。したがって，3年目における継続価

値(TV3)は,次のようになります。

　TV3 = FCF ÷ WACC = 360百万円 ÷ 6.0% = 6,000百万円

　継続価値を現在価値に換算するため,3年目末の割引現価係数を乗じます。継続価値の現在価値と予測期間のFCFの現在価値の総和をあわせると,事業価値になります。図表5.12に示したように,事業価値は5,283百万円です。

　基礎編のバリュエーションであれば,これで終了です。
　企業価値評価の実務を踏まえた実践編では,キャッシュフローの期央調整を行います。期央調整は,利益やキャッシュフローが発生するタイミングの調整です。これまでは,FCFが年度末に発生するとしてきました。実際のキャッシュインは,年度末だけでなく,毎月生じます。カフェ事業では,毎日生じるかもしれません。実務では,FCFは年度を通じて平均的に発生するという実態に基づき,各年の期央をFCFが生じるタイミングとみなします。FCFの発生時点が,現時点に近くなるのです。その分だけ,現在価値は大きくなります。

　X社の年間割引率は6%です。事業価値評価額は,年間割引率の約半分に相当する3%だけ大きくなります。期央調整ファクターの計算式については,後の図表5.14の下枠を参照してください。

(2) 企業価値分析

　企業価値評価は,事業価値に非事業資産の評価額を加えて算出します。これも,実践編ならではの調整です。企業は,事業資産だけを保有しているとは限りません。

図表 5.13 非事業資産の価値

(単位：百万円)	非事業資産の価値
①時価	70
②簿価	45
③含み益 [①−②]	25
④含み益に対する税金 [③× 40％]	10
税引後時価 [①−④]	60

　貸借対照表の分析で明らかになったように，X社は非事業用の土地を保有しています。非事業用の土地は，駐車場として賃貸しており，年間2百万円（税引前）の賃貸収入を得ています。土地の売却価格は，70百万円と見込まれています。

　非事業用の土地は，営業利益ベースのFCFを生み出す資産ではありません。したがって，非事業資産として評価し，事業価値に加算します。土地の簿価（45百万円）と売却見込額（70百万円）との差額は，いわゆる含み益です。実際に土地を売却すると，売却益25百万円が課税対象になります。実効税率が40％なので，含み益に対する税金は10百万円（= 25百万円× 40％）とみなせます。税引後の非事業資産の評価額は，60百万円になります。図表5.13をみてください。

(3) 企業価値と株式価値

　事業価値に非事業資産の評価額を加えた値が，X社の企業価値評価額です。図表5.14では，5,500百万円になります。

　プロジェクトXでは，X社の株式取得が目的です。

第5章 企業価値評価の実践

図表5.14 企業価値と株式価値の算定

(単位:百万円)	株式価値
①事業価値	5,283
②期央調整ファクター	1.030
③調整後事業価値 (①×②)	5,440
④非事業資産の価値	(+)60
⑤企業価値 (③+④)	5,500
⑥有利子負債	(−)1,000
株式価値 (⑤−⑥)	4,500

期央調整ファクター= $(1+6.0\%)^{\frac{1}{2}} = 1.030$

そのため,株式価値を算定しなければなりません。株式価値は,企業価値から有利子負債を引いて求めます。評価基準日において,X社には有利子負債が1,000百万円あります。したがって,同社の株式価値は,4,500百万円になります。

当社は,この金額を上限として,入札に参加します。競合相手より,シナジー効果が大きければ,X社の株式を取得することができます。現金4,500百万円を支払って,X社の全株式を購入すれば,プロジェクトXはクローズします。

第6章

企業価値評価の検証

- 企業価値評価は，将来の収益（インカム）をベースにするインカムアプローチ，純資産に注目するネットアセット・アプローチ，類似上場企業のマーケット指標と比較するマーケットアプローチがあります。エンタープライズ DCF 法は，インカムアプローチに属します。企業価値評価の実践では，エンタープライズ DCF 法の結果を他の方法で検証する作業を行います。
- ネットアセット・アプローチは，評価時点における純資産と土地等の含み益に注目します。客観的ですが，事業の将来性を評価しにくいという短所があります。
- インカムアプローチの別方法として，超過利益法があります。正しく計算すれば，エンタープライズ DCF 法と超過利益法の結果は一致します。
- マーケットアプローチである類似会社比準方式では，EV/EBITDA 倍率や EV/EBIT 倍率を用います。シンプルですが，企業固有の要因を把握しづらいという短所があります。
- 最後に，サステイナブル成長モデルを用いて，企業価値評価のまとめを行います。本質は，リターン（資本利益率や FCF）とリスク（資本コスト）の関係です。

1 企業価値の検証

(1) 企業価値評価の本質

企業価値評価の実践では,非常に多くの数字を扱います。数字にうもれて,計算に迷うことがあるかもしれません。そんなときは,エッセンスを思い出し,基本にかえりましょう。企業価値は,長期的に安定的なキャッシュを生み出す力です。投資家にとって,長期的なキャッシュはリターン,安定性はリスクとみなせます。企業価値は,リスクとリターンの関係を定量的に評価したものです。エンタープライズDCF法では,リターンはフリー・キャッシュフロー（FCF）,リスクは資本コスト（WACC）になります。

企業価値とリスクとリターンは,三位一体です。リスクとリターンが分かれば,企業価値が算出できます。企業価値とリターンから,リスクが逆算できます。企業価値とリスクから,リターンを求めることも可能です。図表6.1は,この関係を示したものです。

図表6.1　企業価値とリスク・リターン

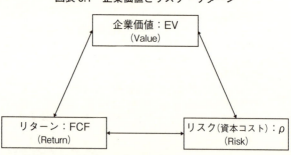

定額モデルを用いると，三位一体の関係は，次のように表すことができます。企業価値を EV，資本コストを ρ，フリー・キャッシュフローを FCF とします。

$$\mathrm{EV} = \frac{\mathrm{FCF}}{\rho} \Leftrightarrow \rho = \frac{\mathrm{FCF}}{\mathrm{EV}} \Leftrightarrow \mathrm{FCF} = \rho \times \mathrm{EV}$$

第1式は，定額モデルです（図表1.5参照）。企業価値は，FCF を資本コスト（割引率）で割り引いて算出します。リスクとリターンをインプットすれば，企業価値が求まります。考え方は極めてシンプルですが，これがエンタープライズ DCF 法のエッセンスです。

第2式は，資本コストが，投下資本利益率に等しくなることを意味しています。企業価値を投下資本，FCF を利益とみなせば，右辺は時価ベースの投下資本利益率になります。フェアなバリュエーションが行われていれば，資本利益率は，ベンチマークである資本コストに一致します。効率的で適正な価値形成を行う資本市場は，資本コストをインプライしているという見方もできます。マルチプル法では，類似企業の企業価値（EV）とリターン（EBITDA）から倍率（EV/EBITDA 倍率）を算出します。FCF と EBITDA には，正の関係があるため，第2式の右辺はマルチプルの逆数とみなせます。すると，マルチプルは資本コストと負の関係にあることが分かります。

第3式は，投資の成果である FCF が，資本コストと企業価値（投下資本）の積であることを示しています。企業が達成すべきリターン（FCF）は，投資家が企業に期待する金額ベースの資本コストになります。投資家の期待と企業の資本コストは，コーポレートファイナン

スにおいても重要な関係です。

企業価値評価の実践で数字の海におぼれそうになったときには、これらのシンプルな関係を思い出しましょう。

(2) 企業価値の検証アプローチ

第5章では、エンタープライズDCF法を用いて、X社の株式価値算定について解説しました。第3章で述べたように、エンタープライズDCF法におけるインプット変数のFCFとWACCは、確定的なものではありません。そのため、企業価値評価には、多面的な分析が必要になります。M&Aは、とくに多額の資金が動きます。投資家をはじめとするステイクホルダーの利害関係に、大きな影響を与えるため、慎重な検証に裏付けられた合理的な説明が求められます。

企業価値評価やコーポレートファイナンスの理論は、インカムアプローチとしてのDCF法を支持しています。インカムアプローチとは、将来のインカムであるFCFをベースにするという意味です。企業価値評価の実践では、インカムアプローチによる結果の妥当性を検証するため、他のアプローチによる分析を行います。他のアプローチには、ネットアセット・アプローチとマーケットアプローチがあります。以下では、代表的なネットアセット・アプローチである修正純資産法と、マーケットアプローチとしての類似会社比準法を用いた企業価値評価の検証について解説します。

2 ネットアセット・アプローチとしての修正純資産法

(1) ネットアセット・アプローチ

ネットアセット・アプローチは,評価対象企業の資産や負債を時価評価して,企業価値を評価する方法です。ネットアセット・アプローチは,コストアプローチともいわれます。

ネットアセット・アプローチは,静態的な評価手法です。評価対象企業の一時点の貸借対照表を重視する方法であるため,会計専門家には理解しやすく,客観性が高いという利点があります。貸借対照表は,過去の経営のストックです。そのため,企業の将来予測を反映しているとは限らないことが,短所になります。

かつては,ネットアセット・アプローチによる企業価値評価が行われることもありました。第1章で述べたとおり,現代では,インカムアプローチであるDCF法が主流になっています。ネットアセット・アプローチが示す企業価値は,本来の収益力を反映しているとは限らないからです。

(2) ネットアセット・アプローチの類型

ネットアセット・アプローチは,修正純資産法と清算純資産法に大別されます。

修正純資産法は,一定時点における貸借対照表上の資産と負債を,再調達原価で時価に修正して評価する方法です。再調達原価とは,資産を新たに取得する場合の価格です。再調達原価は,購買市場における時価と取引費

図表6.2 コスト・アプローチにおける時価

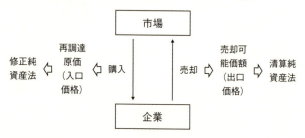

用を加算したもので、入口価格ともいわれます。企業が資産を再調達して、事業を継続するという状況に適した手法です。

清算純資産法は、一定時点における貸借対照表上の資産と負債を、正味実現可能価額や早期処分価額で評価する手法です。これは、解散などを前提とした方式といえます。正味実現可能価額は、売却市場における時価から見積追加製造原価及び見積販売直接経費を控除したものであり、出口価格といわれます。

DCF法は、継続企業に適した評価方法です。そのため、ネットアセット・アプローチによる検証には、事業継続を前提とした修正純資産法を使います。

(3) ネットアセット・アプローチにおける含み損益と税効果

ネットアセット・アプローチで資産や負債を時価評価する場合、時価と簿価との間に差異が生じます。差異は含み損益となりますが、含み損益に対して税金相当額を考慮すべきかどうかという論点があります。

再調達原価は、入口価格としての性質を有します。資

産を市場で取得した場合の価格で評価替えが行われるため,再調達原価で時価評価される資産の含み損益に課税関係は生じません。購入しただけでは,課税対象になる損益が発生しないという考え方です。

出口価格である正味実現可能価額は,当該資産の売却価格で評価替えが行われるため,含み損益に対して課税関係が生じます。売却を前提にしているため,損益が発生し課税関係が生じるという考え方です。

第5章の実践では,X社の非事業資産の含み益が課税されるとして評価を行いました。通常,DCF法における非事業資産は,正味実現可能価額により評価されるため,含み損益に対する税金を考慮します。

(4) ネットアセット・アプローチによるX社の価値分析

修正純資産法では,すべての資産と負債を再調達価額で評価替えします。そのため,DCF法で考慮しなかった事業資産の時価についても,再調達価額を検討する必要があります。事業資産を新たに取得する場合に必要な対価をもって,企業価値評価を検証することになります。現時点で,X社の事業を新たに始める場合に必要となる投資額といってもよいでしょう。

修正純資産法により,X社の時価ベースの純資産額を算定しましょう。X社の事業資産には,100百万円の含み益があります。非事業用の土地には,25百万円の含み益があります。これらの含み益を考慮した分析が,図表6.3です。X社の帳簿純資産額は,2,045百万円でした。含み益を考慮した後の修正後純資産額は,2,160百万円

図表 6.3　修正純資産法による分析

(単位:百万円)	評価基準日
①帳簿純資産額	2,045
②事業用土地含み益 ③非事業用土地含み益	100 25
④修正額小計［②+③］	125
⑤修正額に係る税効果額	－10
⑥修正額合計［④+⑤］	115
⑦修正後純資産額［①+⑥］	2,160

修正額に係る税効果額＝25百万円×40％＝10百万円

になります。非事業用資産と異なり，再調達価額による事業資産の含み益には，税効果は考慮されません。

　修正純資産法による修正後純資産額は，X社と同じ事業を行うためには，2,160百万円の投資が必要であることを示しています。ただし，そこにはのれんや無形資産の価値が考慮されていません。のれんや無形資産は，競争優位の源泉といわれます。のれんや無形資産の価値が反映されないため，ネットアセット・アプローチは，企業の将来性を評価しているとはいえないのです。

(5)　ネットアセット・アプローチの位置づけ

　ネットアセット・アプローチとしての修正純資産法の評価結果が最終的に用いられることは，ほとんどありません。しかし，企業価値評価の実務において，その分析は必ず行われます。

　理由の1つに，評価基準日における投下資本の状況を把握するために重要であるという点があげられます。

DCF法におけるFCFは事業資産からもたらされますが，実際に必要な事業資産を十分に有しているかどうかを確認する必要があります。修正純資産法は，この確認をするために用いられます。評価基準日の貸借対照表項目を事業資産と非事業資産に分けて把握することで，必要な情報を得ることができます。プロジェクトXでは，図表5.2が相当します。

のれんや無形資産の価値を把握するという観点からも，ネットアセット・アプローチは重要です。修正純資産法による算定結果には，のれんや無形資産の価値が含まれていません。DCF法による算定結果は，のれんや無形資産の価値を含みます。両者を比較することで，重要な経営資源であるのれんや無形資産の価値がどの程度であるか分かります。

DCF法による評価額が，修正純資産法による結果を上回る場合，企業には将来性があるといえます。

(6) 修正純資産法と超過利益

プロジェクトXでは，エンタープライズDCF法により修正純資産額よりも高い株式価値が算出されました。X社には，時価ベースの純資産額を上回る価値があります。この価値の源泉について検証しましょう。

企業は資本コストを上回るリターンをあげることで価値を創造します。経営戦略では，競争優位を得ている状況と表現します（第1章参照）。資本コストを上回るリターンを超過利益とよびましょう。超過利益は，図表6.4のように示すことができます。

事業資産を用いて，投資家の期待（資本コスト）を上

図表 6.4 超過利益の概念

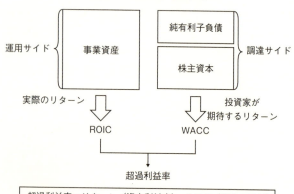

回る超過利益をあげることができる場合，企業は競争優位にあり，超過収益力があるといえます。

X 社はどうでしょうか。X 社は立地のよい店舗を有していますが，現状の経営では超過収益力があるとはいえません。このことは，スタンドアローンの事業価値が，事業資産とほぼ同額であるという分析結果に表れています（第 5 章 3 節を参照）。

当社が X 社を買収した場合，ブランドや商品力の強化による事業展開が可能です。財務面でのサポートによって，既存店舗への投資もできます。X 社の地の利をいかした新規店舗の出店も可能です。これらは，当社が X 社へ出資をすることでもたらされるシナジー効果といえます。シナジー効果は，超過収益力をもたらします。

3 超過利益法と競争優位

(1) 超過利益法の考え方

超過利益法は,超過利益に注目して企業価値を評価する方法です。超過利益は,投下資本利益率(ROIC)と資本コスト(WACC)の差(スプレッド)に,投下資本(事業資産)を乗じて算出します。資本利益率が資本コストを上回れば,超過利益はプラスになります。

超過利益法では,将来の超過利益の割引現在価値を求めます。超過利益の現在価値の合計と現在の事業資産(投下資本)を加えたものが,事業価値になります。一般的に,超過利益法における投下資本は事業資産であり,非事業資産は含まれません。

超過利益がプラスであれば,事業価値は事業資産(簿価)を上回ります。この差額がのれんや無形資産の価値

図表6.5 超過利益法による企業価値

[エンタープライズDCF法]　　　　　　　　[超過利益法]

```
のれんやそ        超過利益の
の他の無形   ＝   割引現在
資産の価値        価値の合計
                              事業
FCFの                          価値
割引現在
価値の合計
(事業価値)        事業資産

事業資産
```

超過利益法による事業価値
事業価値＝期首事業資産＋超過利益の割引現在価値の合計
超過利益＝(ROIC－WACC)×事業資産
　　　　＝税引後営業利益－資本コスト

になります。超過利益法には，超過利益の割引現在価値として，のれんや無形資産の価値を直接把握できるという特徴があります。

(2) 超過利益法にみる競争優位

資本コストを上回る資本利益率をあげる企業は，競争優位の状態にあり，企業価値を高めることができます。一般的に，高い ROIC を実現している企業は，ブランドや技術など無形資産があり，競合他社と差別化ができています。無形資産は，有形資産と異なり，市場で調達することが困難です。M&A の目的の 1 つは，市場性をもたない無形資産の取得であるといわれます。

企業が超過利益を得ることができるのは，企業が競争優位の状態にある期間です。競争優位を持続するためには，同質の製品を低価格で提供する戦略（コストリーダーシップ）や，機能やサービス面で差異を設けること（差別化戦略）が必要です。

しかしながら，超過利益を長い間維持してくことは，困難であるといわれます。超過利益をあげている事業の競争は激化し，教科書的には，超過利益がゼロに収束していきます。

競争優位と超過利益の分析は，継続価値における永続的な成長率の検討においても重要です。継続価値を検討する際には，ROIC と WACC のスプレッドで把握される超過リターンが，企業実体に照らして，どの程度持続可能かどうかを分析することが必要です。企業価値は，キャッシュ（利益）と長期性と安定性の評価であることが，改めて認識できます。

(3) X社の超過利益分析

X社の分析に戻りましょう。M&A後の超過収益力を調べるため、シナジー効果を含むROICの分析を行います。予測期間におけるX社の税引後営業利益と投下資本の推移に基づいてROICを分析すると、図表6.6のようになります。

計画期間におけるROICの水準は、10%まで改善します。当社のブランドを用いたり、規模の経済性をいかしたりする効果によるものです。超過利益は、ROICとWACCのスプレッドである超過利益率に、期首事業資産をかけて算出します（図表6.7を参照）。

X社のROICは8%～10%で推移します。一方、資本コスト（WACC）は6%です。超過利益率はプラスになります。

(4) 超過利益法によるX社の事業価値

図表6.8は、超過利益法によるX社のバリュエーショ

図表6.6　X社のROIC

（単位：百万円）		1年目 （計画）	2年目 （計画）	3年目 （計画）	4年目以降 （計画）
①	税引後営業利益	240	306	360	360
② ③	正味運転資本 有形固定資産	140 2,860	213 3,187	231 3,369	231 3,369
④	事業資産　[②+③]	3,000	3,400	3,600	3,600
	ROIC　[①÷④]	8.0%	9.0%	10.0%	10.0%

```
1年目のROIC = 240 ÷ (140 + 2,860) = 8.0%
2年目のROIC = 306 ÷ (213 + 3,187) = 9.0%
3年目のROIC = 360 ÷ (231 + 3,369) = 10.0%
```

図表 6.7　X社の超過利益

(単位:百万円)	1年目 (計画)	2年目 (計画)	3年目 (計画)	4年目以降 (計画)
① ROIC	8.0%	9.0%	10.0%	10.0%
② WACC	6.0%	6.0%	6.0%	6.0%
③超過利益率［①－②］	2.0%	3.0%	4.0%	4.0%
④期首事業資産	3,000	3,400	3,600	3,600
超過利益［③×④］	60	102	144	144

超過利益率＝ ROIC － WACC
超過利益＝超過利益率×事業資産
1年目の超過利益＝（8.0%－6.0%）× 3,000 ＝ 60
2年目の超過利益＝（9.0%－6.0%）× 3,400 ＝ 102
3年目の超過利益＝（10.0%－6.0%）× 3,600 ＝ 144

図表 6.8　超過利益法による X 社の事業価値

超過利益の PV

(単位:百万円)	1年目 (計画)	2年目 (計画)	3年目 (計画)	4年目以降 (計画)
①超過利益	60	102	144	144
②割引現価係数（資本コスト6.0%）	0.9434	0.8900	0.8396	
③超過利益の PV［①×②］	57	91	121	

事業価値の分析

(単位:百万円)

④計画期間における超過利益の PV［③の合計］	268
⑤継続価値［＝ 144百万円÷6.0%］	2,400
⑥継続価値の PV ＝［⑤× 0.8396］	2,015
⑦のれん相当額［④＋⑥］	2,283
⑧期首事業資産	3,000
事業価値［⑦＋⑧］	5,283

ンです。超過利益は，資本コストで現在価値に割り引きます。超過利益の割引現在価値の合計と期首事業資産の和が，事業価値5,283百万円になります。これはエンタープライズDCF法の結果（図表5.12を参照）と一致します。

　超過利益法では，事業価値と事業資産の差額を直接把握することができます。また，資本利益率と資本コストに注目して，のれんや無形資産の相当額の算出プロセスが明示できます。超過利益法の特徴であり，長所でもあります。実践では，2つの方法で計算した評価額が一致すると，ほっとします。

4 マーケットアプローチとしてのマルチプル法

(1) マルチプル法による企業価値評価

　第3章でも述べましたが，マルチプル法は，類似会社比準法とよばれる手法です。評価対象企業と類似事業を営む上場企業のマーケットデータを用いるため，マーケットアプローチともよばれます。インカムアプローチやネットアセット・アプローチと対比してください。図表6.9は，マルチプル法による企業価値評価の考え方を図示したものです。

　マルチプルは，マーケットにおける投下資本時価総額が，利益やキャッシュの何倍であるかを示す指標です。マルチプル法は，同じリスク・リターン関係をもつ企業は同じ評価になる，という考え方に基づいています。具体的には，類似企業の市場価格と財務数値から比較すべきマルチプルを求め，評価対象企業の財務数値に比準させることで，企業価値を算出したり，検証したりします。

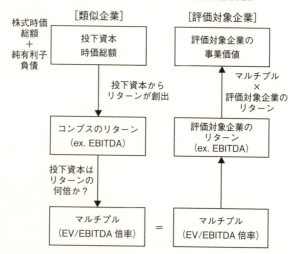

図表6.9 マルチプル法による企業価値評価

　市場株価は，企業の将来性に基づいて形成されます。現在の利益水準が低くても，成長期待が大きい企業の株価は高くなるため，マルチプルも高くなります。この意味で，マルチプルには成長期待が含まれています。マルチプルは，資本コスト（リスク）と逆の関係にあるといいました（第6章1節を参照）。一般的に，リスクが大きいとマルチプルは低くなり，成長期待が大きいとマルチプルは高くなります。

(2) マルチプルの対応関係

　マルチプルで用いる投下資本時価は，株式時価総額に有利子負債を加えた値です。有利子負債の時価は，簿価と大きな乖離がないものとして，簿価を用いることが多

いようです。マルチプルに用いるリターンは，投下資本に対応する必要があります。図表6.10をみてください。

例えば，株式評価で用いるPERは，当期純利益と株価を対応させます。企業価値評価の実務でよく用いられるEV/EBIT倍率やEV/EBITDA倍率の分母は，支払利息を控除する前の利益であり，株主と債権者に帰属します。対応する分子は，株式時価総額に有利子負債や少数株主持分（非支配株主持分）を加えた値を用います。

(3) マルチプル法によるX社の分析

マルチプル法により，X社の分析をしましょう。マルチプル法における事業価値と企業価値は，次のようになります。

図表6.10　マルチプルと投下資本

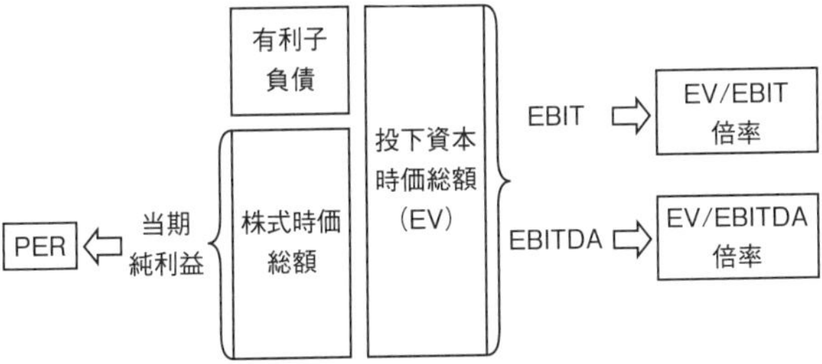

事業価値＝マルチプル×リターン
企業価値＝事業価値＋非事業資産の価値

リターンには，EBITとEBITDAを選びました。EBITは，利払前税引前利益（Earnings Before Interest and Taxes）の略です。金融収益がない場合，EBITは

営業利益に一致します。

類似企業(コンプス)は,WACCの推定で選定された3社(A社,B社,C社)とし,それぞれのマルチプルを分析しました。とくに異常と思えるような値はないため,平均値を採用します。図表6.11が,EV/EBIT倍率とEV/EBITDA倍率の分析です。

事業価値は,EV/EBIT倍率にEBITを,EV/EBITDA倍率にEBITDAを乗じて算出されます。

X社のリターンには,計画1年目のEBITとEBITDAを用います。計画値には,非事業用の土地賃貸収入が含まれています。事業価値を評価対象にするため,土地賃貸収入はEBITやEBITDAには含めません。

マルチプル法で算出された事業価値に,非事業用の土地の価値(税引後)を加えて企業価値を求めます。企業価値から有利子負債を控除して,株式価値が算定されます。図表6.12が詳細な計算過程です。

図表6.11 マルチプルの分析

(単位:百万円)	A社	B社	C社	平均値
①株式時価総額	5,000	8,000	6,500	
②純有利子負債	1,200	9,500	300	
③投下資本時価総額(EV) [①+②]	6,200	17,500	6,800	
④ EBIT	500	1,400	620	
⑤ EBITDA	910	2,500	940	
EV/EBIT倍率 [③÷④]	12.4倍	12.5倍	11.0倍	12.0倍
EV/EBITDA倍率 [③÷⑤]	6.8倍	7.0倍	7.2倍	7.0倍

(例)A社のEV/EBIT倍率=6,200百万円÷500百万円=12.4倍
　　 A社のEV/EBITDA倍率=6,200百万円÷910百万円=6.8倍

第6章　企業価値評価の検証

　マルチプル法による株式評価額は，エンタープライズDCF法の評価額に近い水準になりました。検証の結果として，エンタープライズDCF法による評価額がサポートされたことになります。エンタープライズDCF法とマルチプル法の結果が大きく乖離すれば，再度の検証が必要になります。エンタープライズDCF法の前提である成長性や資本利益率と資本コストの関係が，類似企業に対する市場の評価と異なっている可能性があります。その原因を調査することになります。

図表6.12　マルチプル法による株式価値の分析

(単位：百万円)	EV/EBIT 倍率	EV/EBITDA 倍率
①マルチプル	12.0 倍	7.0 倍
②X社の財務数値	400	860
③事業価値［①×②］	4,800	6,020
④非事業資産の価値　　　+)	60	60
⑤企業価値［③+④］	4,860	6,080
⑥有利子負債　　　　　　−)	1,000	1,000
株式価値［⑤−⑥］	3,860	5,080

```
X社のEBIT＝営業利益＝400百万円
X社のEBITDA＝EBIT＋減価償却費＝400百万円＋460百万円
　　　　　　＝860百万円
EV/EBITDA倍率による事業価値＝7.0倍×860百万円
　　　　　　　　　　　　　　＝6,020百万円
EV/EBITDA倍率による企業価値＝6,020百万円＋60百万円
　　　　　　　　　　　　　　＝6,080百万円
EV/EBITDA倍率による株式価値＝6,080百万円−1,000百万円
　　　　　　　　　　　　　　＝5,080百万円
```

(4) マルチプル法の特徴

DCF法では，詳細なFCF計画が必要です。資本コストの算定にも，様々なデータを入手して分析することが不可欠です。このように，DCF法による企業価値評価は，相当な時間と手間がかかります。一方，マルチプル法は，比較的少ない情報で，簡易に企業価値評価を行うことができるといわれます。第3章と本章の説明で分かりますね。

マルチプル法のみで，企業価値を合理的に算定でき，その結果に利害関係者が納得するのであれば，DCF法による分析を行う必要はありません。しかしながら，現実はそのようになっていません。繰り返しますが，現代のM&Aでは，DCF法により最終的な意思決定を行うことが標準的です。マルチプル法は，簡易的な方法ですが，評価対象企業の固有の性質を反映することが困難であるという問題点をもつからです。

M&Aでは，評価対象企業の固有の性質が重視されます。その主たるものは，事業計画やシナジー効果に表れます。取引当事者のM&Aに対する意図を反映するためには，事業計画やシナジー効果が必要です。DCF法は，これらのことを反映することができます。

5 まとめ

本書の最後に，サステイナブル成長モデルを用いて，企業価値評価のエッセンスをまとめておきましょう。図表6.13は，サステイナブル成長モデルにおけるフリー・キャッシュフロー計画です。本書の最初（第1章4節）で紹介したモデル（図表1.4）より実践的ですが，エッ

第6章 企業価値評価の検証

センスは同じです。

　企業は，投資家から調達した資本を用いて事業を行います。自社の強みをいかせる機会を見出すと，資本を固定資産と運転資本に投下して，ビジネスを始めます。事業戦略を立案し，資本回転率と売上高利益率のポジションを決め，戦略を実践します。図表6.13では，回転率が1.5回，利益率が10％（税引後では6％の利益率）になっています。事業の成果が，営業利益や税引後営業利益です。

　企業は，税引後営業利益の中から，来期の事業に必要な投資（再投資）を行います。再投資は，設備投資と正味運転資本増加額から減価償却費を控除した値です。図表では，利益の50％を再投資する計画になっています。

　期首の資本と再投資をあわせた金額が，翌期の企業活動の元手になり，利益を増やします。投資を行って利益をあげる。このプロセスが継続すると，企業は持続的に成長します。成長率は，再投資比率と資本利益率をかけた値です。

　税引後営業利益から再投資を引いた金額は，事業活動からフリーなキャッシュフロー（FCF）です。FCFは，投資家に配分されます。投資家からみた企業価値は，現時点におけるFCFの評価額になります。

　事業にはリスクがつきものです。リスク回避的な投資家は，リスクプレミアムを期待します。リスクプレミアムには，ハイリスク・ハイリターンの原則が適用されます。リスクフリー・レートにリスクプレミアムを加えたものが，投資家の期待収益率です。企業にとっては資本コスト，企業価値評価では割引率になります。エンタープライズDCF法では，加重平均資本コスト（WACC）

図表6.13 企業価値評価のエッセンス

	1年目	2年目	3年目
①投下資本（自己資本）	1,000	1,045	1,092
②資本回転率（資産回転率）	1.5回	1.5回	1.5回
③売上高（①×②）	1,500	1,568	1,638
④売上高営業利益率	10%	10%	10%
⑤営業利益（③×④）	150	157	164
⑥税引後営業利益（⑤×0.6）	90	94	98
⑦再投資（⑥×0.5）	45	47	49
⑧フリー・キャッシュフロー（⑥－⑦）	45	47	49

- 資本利益率＝税引後営業利益÷投下資本＝9.0%（回転率×利益率）
- サステイナブル成長率＝資本利益率×再投資比率＝9.0%×0.5＝4.5%
- 企業価値評価＝FCF1÷（WACC－成長率）＝45÷（7%－4.5%）＝1,800
- 資本利益率が資本コストを上回る場合，企業価値（時価）は投下資本（簿価）を上回り，価値が創造される

を割引率に用います。

企業はゴーイングコンサーンです。企業価値評価では，無限個のFCFの現在価値を求めて合計する必要があります。気が遠くなりそうなこの作業を助けてくれるのが，定額モデルや定率成長モデルです。

定率成長モデルを用いて，図表6.13のサステイナブル成長企業を評価しましょう。企業価値の向上を意識する企業は，資本利益率が資本コスト（WACC）を上回る事業計画を立案し，実践します。資本市場で決まるWACCを7%としましょう。資本利益率は9%ですから，資本コストを上回っています。このとき，企業価値評価

額は1,800になります。評価額（時価）が，投下資本（簿価）を上回ります。企業と資本が結びついて，経済的な価値が生み出されました。理想的な状況です。

　資本利益率が資本コストを下回る状況では，価値が毀損されます。例えば，WACCが10%のとき，企業価値評価額は818になり，初期投資の1,000を下回ります。定率成長モデルを用いて，各自で確認してください。

　資本主義経済においては，資本コストを上回る資本利益率をあげることが重要です。企業価値評価は，このことを定量的に教えてくれます。資本利益率が資本コストを上回るとき，再投資のNPV（正味現在価値）はプラスになります。強みをいかして，プラスのNPVを稼ぐ投資機会があれば，利益を再投資すべきです。再投資は，その時点における投資家の取分を減らすことになりますが，NPVの分だけ企業価値を高めます。結局，トータルでみた投資家の取分を増やすことにつながります。

　資本が利益を生み出し，利益が再投資され資本となって，再び利益を生み出す。資本も利益もキャッシュです。一見，キャッシュがキャッシュを生んでいるように思えますが，そんなことはありません。資本は事業に投下され，事業が利益を生むのです。利益が事業に再投資され，事業が価値を付加します。価値を生み出すのは事業です。企業価値評価は，キャッシュを評価するのではなく，事業を評価します。このことを忘れないようにしてください。

ブックガイド

　本書は，タイトルのとおり，企業価値評価の入門書です。企業価値評価を学ぶ人が，最初に読む本です。企業価値評価の考え方や用語は，コーポレートファイナンスと関係が深いため，コーポレートファイナンスを同時に学ぶと効率的です。本書の姉妹本として，下記を紹介します。

『コーポレート・ファイナンス入門』砂川伸幸（日経文庫）

　企業価値評価とコーポレートファイナンスの入門を修められた方が，次に読む本は中級編です。数冊紹介しておきます。

『企業価値経営』伊藤邦雄（日本経済新聞出版）
『企業価値経営　コーポレートファイナンスの4つの原則』マッキンゼー・アンド・カンパニー（ダイヤモンド社）
『企業価値評価　実践編』鈴木一功（ダイヤモンド社）
『日本企業のコーポレートファイナンス』砂川伸幸・川北英隆・杉浦秀徳（日本経済新聞出版社）

　企業価値評価について，本格的に学びたい方には，下記の専門書をお薦めします。マッキンゼー・アンド・カンパニーのテキストは，企業価値評価のバイブルといわれています。アルザック（Arzac）の著書は，学術的な色彩が強い玄人好みの専門書です。原書で読むのも良い勉強になるでしょう。アルザックは原書も紹介しておきます。ハードルは高くなりますが，基礎を修得し，きちんと読めば，クリアすることはできます。

『企業価値評価　バリュエーションの理論と実践（上）（下）』マッキ

ンゼー・アンド・カンパニー(ダイヤモンド社)

Valuation for Mergers, Buyout, and Restructuring, E. R. Arzac (John Wiley & Sons, Inc.)

(『合併・買収・再編の企業評価』E.R. アルザック(中央経済社))

　企業価値評価のキーワードである資本コストについて，詳細に書かれた本を2冊紹介しておきます。どちらも日本語訳がありませんので原書になります。Ogier 達のテキストは中級レベルです。Pratt and Grabowski の著書は総ページ数750の本格的な専門書です。版を重ね，2008年には第3版，そして2010年には第4版が出版されました。欧米では，M&A の取引件数だけでなく，買収価格に関する訴訟も多くあります。そのため，分厚い「資本コスト」の専門書が売れるのでしょう。

The Real Cost of Capital, Ogier T., Rugman J. and L. Spicer (FT Prentice Hall)

Cost of Capital : Applications and Examples, Pratt S. and R. Grabowski (John Wiley & Sons, Inc.)

　資本コストに対応するのは資本利益率です。資本コストが一定であれば，資本利益率が高くなるほど企業価値は向上します。日本企業の資本利益率について，真正面から取り組んだ書として，下記を紹介しておきましょう。

『ROE 最貧国日本を変える』『山を動かす』研究会編(日本経済新聞出版社)

　最後に，生きた教材として日本経済新聞をあげておきます。企業価値や M&A に関する現実社会の動向が，日々紹介されています。

【著者略歴】

砂川　伸幸（いさがわ・のぶゆき）
1966年　兵庫県生まれ
1989年　神戸大学経営学部卒業，新日本証券（現みずほ証券）入社
1995年　神戸大学大学院経営学研究科博士課程前期課程修了
　　　　神戸大学経営学部助手，ワシントン大学ビジネススクール客員研究員，神戸大学大学院経営学研究科教授などを経て
現　在　京都大学経営管理大学院教授
　　　　博士（経営学）
著　書　『財務政策と企業価値』（有斐閣，2000年）
　　　　『コーポレートファイナンス入門』（日本経済新聞出版社，2004年）
　　　　『日本企業のコーポレートファイナンス』『経営戦略とコーポレートファイナンス』（いずれも共著，日本経済新聞出版社，2008年，2013年）ほか

笠原　真人（かさはら・まさと）
1970年　北海道生まれ
1993年　明治大学商学部卒業
1995年　朝日監査法人（現あずさ監査法人）入所。アーサーアンダーセン，KPMG FAS，プライスウォーターハウスクーパースで企業価値評価や財務デューディリジェンスの業務に従事。2006年に独立。
現　在　笠原公認会計士事務所所長。公認会計士。
著　書　『図解入門ビジネス 最新 企業価値評価の基本と仕組みがよーくわかる本』（秀和システム，2011年）

日経文庫1325

はじめての企業価値評価

2015年2月16日　1版1刷
2021年12月6日　　　5刷

著　者	砂川　伸幸
	笠原　真人
発行者	白石　賢
発　行	日経BP
	日本経済新聞出版本部
発　売	日経BPマーケティング
	〒105-8308　東京都港区虎ノ門4-3-12

装幀　内山尚孝（next door design）
印刷・製本　三松堂
Ⓒ Nobuyuki Isagawa, Masato Kasahara 2015
ISBN978-4-532-11325-4　Printed in Japan

本書の無断複写・複製（コピー等）は著作権法上の例外を除き、禁じられています。
購入者以外の第三者による電子データ化および電子書籍化は、私的使用を含め一切認められておりません。
本書籍に関するお問い合わせ、ご連絡は下記にて承ります。
https://nkbp.jp/booksQA